사진으로 본 한국야구 100년 (1)

사진으로 본 한국야구 100년 (1)

구본능 · 하 일 편찬

대한야구협회 · 한국야구위원회 협찬

새로운사람들

새로운사람들은 항상 새롭습니다.

독자의 가슴으로 생각하고 독자보다 한 발 먼저 준비합니다.

첫만남의 가슴 떨림으로 한 권 한 권 만들어 나가겠습니다.

사진으로 본 한국야구 100년 (1)

초판1쇄 인쇄 2005년 3월 22일
초판1쇄 발행 2005년 3월 26일

편찬인 구본능 (한국스포츠사진연구소 이사장)
      하 일 (한국스포츠사진연구소 소장)
편찬위원 유인식
      신현철
      허 곤
      김기훈
      박현식
      김양중
      김계훈
      정춘학
      어우홍
      김희련
      강남규
      박영길
      이광환
      윤정현
      허구연
협 찬 대한야구협회
      한국야구위원회
펴낸이 이재욱
펴낸곳 (주)새로운사람들
기획구성 도경재
편집위원 양성식
책임편집 조영균
편집 양경아
관리 김주현
마케팅 김종림
디자인 채장열, 김은주

ⓒ 구본능·하 일, 2005

등록일 1994년 10월 27일
등록번호 제2-1825호
주소 서울 동대문구 신설동
      104-22 번지 2층(우 130-812)
전화 02)2237-3301, 2237-3316
팩시밀리 02)2237-3389
홈페이지 http://www.ssbooks.co.kr
이메일 ssbooks@chollian.net
      ebam@korea.com

ISBN 89-8120-277-x(06690)
정가 55,000원

야구가 주는 기쁨과 즐거움을 위하여

1993년 우연히 손길이 닿은 빛바랜 야구 사진 한 장이 이 일을 시작하게
된 인연이었습니다. 어린 시절에 잠시나마 유니폼을 입고 야구장에서 뛰
어본 경험이 있고 평소 야구를 좋아했던지라 그 사진은 관심을 사로잡기
에 충분했습니다. 그러던 차에 작고하신 스포츠 사진작가 장점동 님의 사
진과 필름 등 1톤 분량의 유품을 만나게 되었습니다.

처음에는 그냥 사진을 살펴보는 재미에 빠져 미처 다른 생각을 할 짬이
없었습니다. 그러다가 우리 사회의 각 분야가 일제 시대, 해방의 혼란기,
6·25 등 격변기를 겪으면서 많은 역사 자료가 멸실된 것을 알고 혼자서
만 보고 즐기기엔 너무나 귀중한 자료라는 데 생각이 미쳤습니다. 그래서
더 이상 방치할 수만은 없다고 결심했지만, IMF를 겪은 3~4년 동안 발만
동동 구르다가 2000년부터 사진첩 발간을 목표로 본격적인 작업에 착수하
였습니다.

이 책을 통해서 한국야구의 역사를 다시 한번 되짚어보는 기회가 되었
으면 합니다. 어렵고 힘들었던 시절, 대중들이 고단한 삶 속에서도 야구를
통해 희망과 용기를 얻었던 것처럼, 현재 그리고 미래에도 야구가 대중 속
에 더욱 깊이 뿌리 내려 무한한 기쁨과 즐거움을 줄 수 있는 스포츠로 자
리매김할 수 있기를 간절히 바랍니다.

마지막으로 돌아가신 장점동 씨의 유가족들에게 감사를 드립니다. 아울러 개인이 소장하신 귀한 자료를 선뜻 내주신 많은 분들께도 깊은 감사의 말씀을 드립니다. 카메라나 필름을 구하기가 결코 쉽지 않았을 그 어려운 시기에 사명감을 가지고 기록을 위해 매달리셨던 장점동 씨께서 생전에 뜻하신 바가 헛되지 않도록 가치 있는 책을 만들고자 나름대로 애를 썼습니다만 편집이 끝나고 보니 아직도 아쉽고 부족한 느낌이 듭니다. 여러모로 미진한 점은 독자 여러분의 애정 어린 질책과 관심으로 거듭날 수 있게 되기를 기대합니다.

한국야구 100주년을 맞아 과거에도 현재에도 야구 발전을 위해 힘쓰고 계시는 분들과 야구를 사랑하는 모든 이에게 이 책을 바칩니다.

2005년 3월
구본능
한국스포츠사진연구소 이사장
희성그룹 회장

이제 시작입니다

저는 오늘 한국의 야구인으로서 무척 행복합니다. 한국야구의 역사를 사진으로 기록한 책을 펴낼 수 있는 기회가 누구에게나 주어지는 것은 아니기 때문입니다. 그래서 책의 출간을 눈앞에 두고 먼저 두 분에게 특별한 감사의 말씀을 드리고자 합니다.

남다른 열정으로 스포츠의 역사를 기록하셨던 고(故) 장점동 님의 사진 자료가 바탕이 되지 않았다면 이 책은 태어날 수 없었을 것입니다. 각별한 인연으로 돌아가신 장점동 님의 사진 자료를 얻게 된 것이 첫걸음이었습니다. 또한 우리 연구소의 구본능 이사장께서 사심 없이 지원해 주시지 않았다면 이 책을 세상에 선보일 수 없었을 것입니다.

여러 선후배 야구인들께도 진심으로 감사드립니다. 야구를 사랑하시는 많은 분들이 우리나라 야구사의 부족한 부분을 채울 수 있도록 귀중하게 소장하고 계시던 앨범이며 스크랩북을 흔쾌히 내주셨고 유인식, 신현철, 허곤(LA 거주), 김기훈, 박현식, 김양중, 김계훈, 정춘학, 어우홍, 김희련, 강남규, 박영길, 이광환, 윤정현, 허구연 님은 기꺼이 편찬위원으로 동참해주셨습니다. 그밖에도 숱한 도움을 받았습니다만 이 자리에서 일일이 고마움을 전하지 못해 송구스럽습니다.

1905년 우리나라 최초로 황성 YMCA 야구단이 창설된 지 5년만인 1910년 2월 26일 훈련원에서 시합을 벌인 YMCA와 한성학교의 경기 장면과 기념사진이 야구에 관한 가장 오래된 사진 기록입니다. 그때부터 1962년까지의 사진 기록을 망라하여 제1권으로 펴냅니다. 시대 배경이 그렇다 보니 요즘 같은 칼라 만능의 시대에 흑백사진만 가지고 책을 펴낼 수밖에 없었습니다. 어쨌건 1963년 이후에 해당하는 제2권을 펴내야 하고, 제1권의 수정과 보완도 이루어져야 하기 때문에 더 많은 관심과 성원을 바라마지 않습니다.

야구를 사랑하듯 이 책을 사랑해주시는 독자가 계신다면 편찬을 한 야구인의 기쁨은 더할 나위가 없겠습니다. 아울러 야구를 하는 후배들이 이 책을 통해 역사를 배우고 기술을 겸비하여 큰 선수로, 진정한 야구인으로 거듭나길 기대합니다. 이 책의 출간을 위하여 도와주신 정홍열, 박철우, 윤자상, 정해남 님께 감사를 드리며 일년 넘도록 함께 부대낀 새로운사람들 출판사에도 고마움을 전합니다.

2005년 3월
하 일
한국스포츠사진연구소 소장

한국야구 100년의 뜻 깊은 해를 맞이하여

올해는 우리나라에 야구가 들어온 지 꼭 100년이 되는 해입니다. 1905년 질레트라는 미국인 선교사가 우리나라에 최초로 야구를 소개한 이후 1920년에는 조선체육회의 주최로 제1회 전조선야구대회가 개최되었습니다.

해방 직후인 1946년에는 조선야구협회가 결성되면서 비로소 한국야구를 위한 독립단체가 탄생했고, 대한민국 정부 수립과 함께 대한야구협회로 이름을 바꾸어 오늘에 이르는 동안 한국야구는 빠르게 성장하여 왔습니다.

이번에 한국스포츠사진연구소의 구본능 이사장님과 하 일 소장님이 『사진으로 본 한국야구 100년』을 발간하게 된 것을 대한야구협회 회장으로서 무척 기쁘게 생각하며 각별한 축하를 드립니다. 자칫 무관심 속에서 소실될 수 있는 야구 사진들이 잘 정리되어 있어서 야구를 좋아하고 야구에 관심을 가진 모든 분들에게 소중한 자료로 활용될 수 있을 것입니다.

대한야구협회도 올해는 한국야구 100년의 뜻 깊은 해를 맞이하여 야구가 대중적인 생활 스포츠로서 국민의 건전한 여가활동과 체력 향상에 기여하는 운동 종목으로 국민의 사랑을 받을 수 있도록 더욱 노력하겠습니다.

앞으로 한국야구의 성장과 발전에 도움이 되도록 더욱 활발한 활동을 약속드리며, 구본능 이사장님과 하 일 소장님의 노고에 대해 야구인들을 대표하여 다시 한번 감사를 드립니다.

2005년 3월
이내흔
대한야구협회 회장

생생하게 살아있는 야구의 역사

1905년 미국인 선교사 필립 질레트에 의해 최초로 도입된 야구가 드디어 한국에서 100년의 역사를 갖게 되었습니다.

그동안 야구가 수많은 어려운 시기를 거치면서도 국민들과 애환을 함께 해 왔지만, 그 시기의 감동의 장면, 열전의 순간들이 제대로 보관되지 못해 역사 속에 묻혀버리고 있는 것 같아 늘 안타까운 마음뿐이었습니다.

그런데 이번에 구본능 회장이 야구에 대한 남다른 열정과 집념으로 1세기를 망라한 화보집을 발간해 주셨고, 이는 우리 야구인들이 다시한번 야구사랑에 대한 경각심을 일깨우는 계기가 되었으며, 한국야구도 100주년을 맞아 역사를 다시한번 정리할 수 있게 되었습니다.

또한 이번 화보집 발간으로 오랜 기간 사장되어 있던 역사적인 순간들이 양지로 나와 많은 야구팬들과 함께 지나간 추억을 회고할 수 있게 된 점도 다른 무엇과 비교할 수 없는 큰 수확이며, 구 회장의 야구에 대한 관심과 애정 없이는 불가능한 것이었다고 생각됩니다.

    더우기 초창기 사진들은 수집과 보관이 어려운 가운데서도 이렇게 원판
처럼 선명하게 발간된 점은 참으로 구 회장의 숨은 노고가 얼마나 컸는가
를 짐작하게 합니다.

    과거 사진들은 우리가 일찍이 알지 못했던 새로운 감동과 경험을 안겨
주고, 수많은 명승부와 잊혀진 스타들을 만나볼 수 있는 대역 화면이며,
그 시대의 야구에 대한 깊은 애정과 사랑을 한 눈에 살펴볼 수 있는 생생
하게 살아있는 역사인 셈입니다. 따라서 이번 화보집은 한국야구의 100년
역사의 사료로서도 커다란 가치를 가질뿐만 아니라 일반야구팬에게도 훌
륭한 참고자료가 될 것으로 확신합니다.

    끝으로 긴 세월 동안 자료를 수집, 복원, 정리하여 한국야구 역사 100년
의 과거와 현재, 미래를 연결하는 데 가교 역할를 해주신 구 회장께 다시한
번 감사의 뜻을 전하면서, 야구에 대한 사랑과 열정에도 경의를 표합니다.

2005년 3월

박용오

한국야구위원회 총재

일일이 구슬을 꿰는 정성

아주 즐거운 마음으로 축하 인사를 드립니다. 한국스포츠사진연구소가 우리나라의 야구 발전에 도움이 되는 귀중한 책을 출간한 것은 얼마든지 즐겁게 축하할 일입니다.

임시로 인쇄하여 묶어낸 책을 보여주며 추천사를 써달라고 하기에 어떤 내용인가 하고 궁금하여 펼쳐 보았더니 정말 깜짝 놀랄 만하였습니다. 제법 오랫동안 야구와 인연을 맺고 살아왔다고 자부하던 처지였는데 이 책의 내용을 보고는 벌어진 입이 다물어지지 않을 정도였습니다. 보고 있는 동안 정말 이게 한국야구인가, 언제 이런 일도 있었던가 하는 생각이 떠나질 않았습니다.

구슬이 서 말이라도 꿰어야 보배라고 합니다. 정말 이 책은 구슬을 꿰듯 하나하나 정성을 기울였다는 느낌을 받았습니다. 당연히 하루 이틀에 만들 수 있는 그런 책이 아닙니다. 우리나라에 야구가 들어온 지 올해로 꼭 100년이 되는 해인데, 그동안 아무도 거들떠보지 않던 자료를 어디서 어떻게 그처럼 많이 모을 수 있었는지 그저 놀라울 따름입니다.

여기저기 흩어져 있던 구슬 같은 자료들을 모으고, 그것을 갈고 닦아 빛을 내고, 다시 꿰고 엮어서 보배를 만들기가 말처럼 그렇게 쉬운 일이겠습니까? 얼핏 보아도 수백 장이나 되는 사진을 일일이 분류하고 설명을 붙이고 새롭게 의미를 부여하여 역사라는 모자이크의 한 조각, 한 조각으로 만들어 나가는 작업의 가치를 이 책을 통해 느낄 수가 있습니다.

우리나라에 야구가 들어온 1905년부터 1962년까지의 기록을 싣고 있는 이번 책의 출간으로 당연히 관심은 다음 책 제2권에 쏠리고 있습니다. 사진만 가지고 야구의 역사를 훑어볼 수 있다면 얼마나 대단한 일입니까? 지원을 아끼지 않는 연구소의 역할에 거는 기대도 크고 정성을 기울이는 야구인의 모습도 정말 보기가 좋습니다. 아무쪼록 이 책을 통해 한국야구의 역사에 대한 연구가 자리를 잡고 야구의 수준도 한 차원 높은 단계로 발전하는 계기가 되기를 바랍니다.

2005년 3월
최인철
전 대한야구협회 회장

■차례

제1부 일제강점기의 한국야구

제2부 해방 이후의 한국야구

제3부 6·25전쟁 이후의 한국야구

부록

제1부
일제강점기의 한국야구
1905~1945

한국야구와 필립 질레트 선교사

이 땅에 야구를 처음 소개하여 한국야구의 아버지로 추앙받는 사람은 미국인
선교사 필립 질레트(Phillip L. Gillett : 한국이름 길례태 吉禮泰)이다. 황성 기독교
청년회의 간사였던 그는 1905년 우리나라 최초의 야구팀인 황성 YMCA 야구단을
만들어 한국야구 100년사의 서막을 열었다. 2005년인 올해로부터 꼭 100년 전에
있었던 일이다.

상투머리로 필드하키. 초창기의 야구도 이처럼 바지저고리 차림에 짚신을 신고 뛰었을 것으로 짐작된다.

△ 바지저고리와 양복, 망건과 포수 보
호 장구, 상투와 상고머리 등 갖가지
차림으로 대한체육구락부 회원들이
편을 갈라 축구 경기를 벌이고 있다
(1906년). 회원들이 야구도 하고 축구
도 하던 시절의 사진이다.

▷ 망건이나 바지저고리 차림의 대한
체육구락부 회원들. 차림새야 어떻든
개화 바람을 타고 서양 문물에 대한 호
기심만큼은 대단했다. 대한체육구락
부는 1903년에 탄생된 우리나라 최초
의 체육단체였다.

1874~1939
한국야구의 문익점
필립 질레트 (Phillip Gillett)

미국 일리노이주 출신으로 1901년 황성 YMCA
총무로 내한, 1905년에 야구를 보급하고
YMCA 야구단을 창설하다
1906년 2월 11일 최초의 경기를 주선하다

KOREA BASEBALL HALL OF FAME

△ '한국야구의 문익점' 이란 제목으로 제주도 야구박물관에 전시된 질레트 선교사의 명판. 그는 1901년 '미국 YMCA 한국 간사' 라는 직함을 가지고 처음 우리나라를 찾아와 1903년 황성 YMCA 설립과 함께 간사로 정식 임명되었으며 1905년 최초로 야구단을 창설했다.

◁ 태화관의 별유천지(別有天地). 뒤에 보이는 건물이 태화관의 별유천지란 곳이다. 이곳의 6호실에서 3·1운동 때 민족 대표 33인이 독립선언서를 낭독했다고 한다. 황성 YMCA가 회관을 짓기 전에 임시 사무실로 썼던 태화관은 지금의 종로 YMCA 건물에서 150걸음쯤 뒤쪽의 인사동 태화빌딩 자리에 있었고, 원래 이름은 순화궁(順和宮)이었다.

△ 질레트가 간사로 부임하여 건립했던 황성 YMCA 회관은 1908년 완공되었고 1935년에는 우리나라의 대표적인 건물로 뽑히기도 했다.

▷ 6·25 때 불타고 남은 YMCA 회관의 흔적. 최초의 YMCA 회관은 6·25 전란 중에 화재로 소실되었고 1967년 그 자리에 현재의 YMCA 회관이 다시 세워졌다.

△ 배재학당의 신축 공사 장면. 미 해군 함정 알바니아호 승무원들이 이 학교 운동장에서 야구 경기를 했던 것으로 알려져 있다.

◁ 배재학당의 선비들이 1896년 11월 27일 조직한 '협성회'가 우리나라 YMCA 운동의 효시로 평가될 만큼 배재학당과 YMCA는 뗄래야 뗄 수 없을 정도로 밀접하다.

△ 일제 강점기의 합동운동회. 1903년 10월 28일 우리나라 최초로 창립된 황성 기청(YMCA)은 '개화의 창구' 이자 '스포츠의 총본산' 이었다. 운동회는 개화기에 YMCA의 주도로 널리 행해졌던 체육 행사였고 달리기(육상)와 구기 종목이 인기를 끌었다.

▷ 삼선평과 돈암동 일대(1939년). 삼선평은 오늘날의 삼선교 근처로 여기서 운동회가 자주 열렸다고 한다.

△ 삼선평에서 열린 YMCA 운동회 개막식(1908년). 운동회는 개화기 체육 활동에서 중요한 비중을 차지했다.

◁ 스포츠는 YMCA 운동을 활성화시키는 방법 가운데 하나였고, 운동회라는 이름의 체육 행사가 자주 열렸다. 치마 저고리 차림이 눈에 띈다.

YMCA 야구단과 한성학교의 경기

    1905년 필립 질레트 선교사가 처음으로 우리나라에 야구를 소개하고 야구단을 만들었던 것은 틀림없는 사실이지만, 비슷한 시기에 질레트 선교사와 다른 경로로 야구를 들여온 사례도 있다. 질레트가 황성 기청(YMCA) 야구단을 창설할 무렵인 1905년 다카하시라는 일본인 교사가 관립중학교에서 야구를 가르쳤고, 관립중학교는 바로 한성학교의 전신이다.

우뚝 서서 공을 받는 자세를 취한 포수와 뒷짐을 진 정장 차림의 심판, 그리고 절구처럼 생긴 배트를 치켜든 타자(1910년 2월 26일). 이것이 현재 남아 있는 가장 오래된 야구경기 사진이라고 알려진 황성 YMCA와 한성학교의 경기에 나타난 모습이다. 포수는 YMCA의 허 성, 타자는 한성학교의 이영복, 심판은 한성학교 다카하시 교사.

△질레트가 소개한 미국 야구와 다카하시가 들여온 일본 야구를 대표하는 YMCA와 한성학교의 기념촬영. 훈련원 운동장에서 치러진 이날 경기에서 YMCA는 도전자인 한성학교에 6점 차로 대패하고 말았다. YMCA와 똑같이 1905년에 야구부를 창단했던 한성학교는 결코 호락호락한 팀이 아니었기 때문이다. YMCA는 두 달 남짓 지난 5월 14일 재대결을 요구하여 6점 차로 승리를 거둬 간신히 설욕을 한다.

◁ 한성학교 제1회 졸업생들의 기념사진. 한성학교는 1900년에 관리 양성을 위해 설립되었던 관립중학교의 바뀐 이름이고 경성고등보통학교와 현재의 경기고등학교 전신이다.

△ 제대로 포지션을 나누기 전이어서 저마다 빠른 볼을 던지거나 강타자가 되려고 했다. 멀리 치는 것보다 누가 높이 띄워 올리는가를 묘기로 치던 시절이기도 했다.

▷ 어정쩡하게 서서 공을 받고 있는 당시의 포수 모습. 캐처 박스에 쪼그리고 앉아서 공을 잡는 것이 아니라 타자로부터 멀찌감치 떨어져 엉거주춤 일어선 채로 공을 받았다.

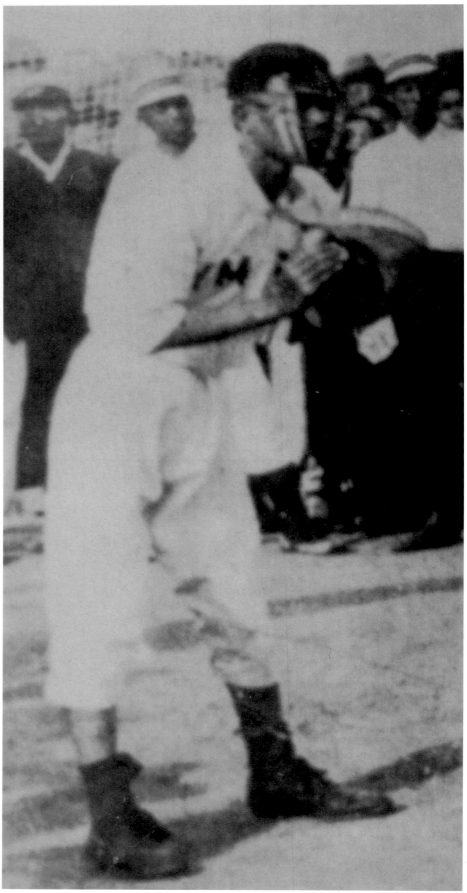

1910년대 말 한성학교 학생들이 교정에서 야구 경기를 하는 모습. 〈경기80년사〉에는 당시 한성학교의 선수는 포수 남궁벽, 투수 강정식, 유격수 이희승, 1루수 김종상이었다고 기술되어 있다. 이 가운데 김종상은 YMCA에서 야구를 익혔던 인물이다.

YMCA 야구단의 영광과 좌절

한때 천하무적을 자랑하던 황성 YMCA 야구단은 모국을 방문한 유학생 야구팀과의 경기를 통해 우물 안 개구리라는 자각과 함께 비로소 팀의 체계가 정비되고 경기력도 향상되었으며 우리나라 스포츠 사상 최초의 해외 원정인 일본 원정까지 하게 된다. 그러나 105인 사건을 계기로 일제의 탄압을 받아 급기야 해체되었고, 이후 '황성' 이라는 이름마저 빼앗긴 채 '중앙YMCA', '청년회관 팀', '1912팀' 등으로 간신히 명맥만 유지한다.

YMCA 야구단의 지방 원정. 1909년 개성 원정에 이어 두 번째로 1911년 평양, 선천 등 서북 지방 원정을 앞두고 기념촬영을 했다. 앞줄 오른쪽이 질레트 선교사.

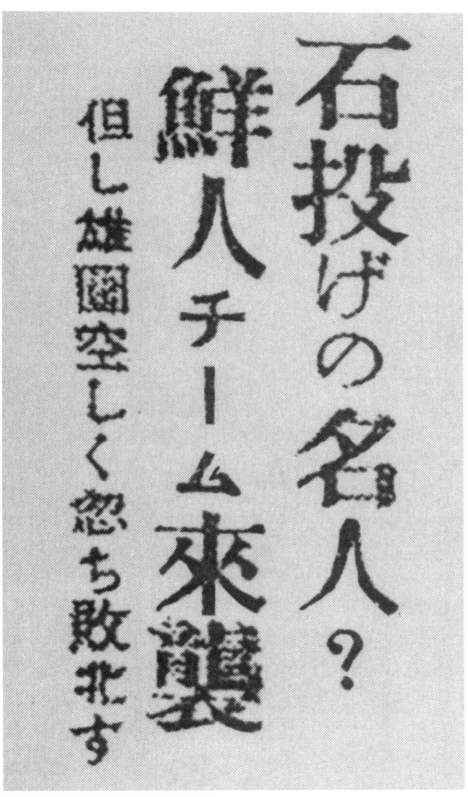

石投げの名人？
鮮人チーム來襲
但し雄國空しく怒ち敗北す

YMCA의 일본 원정 당시 일본신문의 호들갑스러운 보도 내용. 황성 YMCA 야구단이 일본 원정에 나서자 일본인들과 언론은 돌팔매질의 명인이 내습했다고 호들갑을 떨었으나 정작 성적은 볼품없었다. 12월 2일 강호 와세다대학과의 첫 경기는 관중을 모으기 위한 일본 신문사들의 바람몰이로 호기심에 부풀어 10전이라는 비싼 입장료를 내고 몰려든 관중들 앞에서 23대 0이라는 엄청난 점수차로 참패하고 말았다. 실력차도 큰 데다 수천의 관중 앞에서 지레 주눅이 들어 손발이 맞지 않은 것도 참패 요인의 하나였다. 결국 원정의 결과는 1승 1무 5패의 성적으로 비참하기 이를 데 없었다. 한반도 최강이라는 자부와는 너무나 동떨어진 참담한 결과였다.

△ 두루마기 입은 총각의 돌팔매질.
YMCA 야구단은 1912년 일본 원정을
정점으로 영광의 시대를 마감하지만
한국야구가 뿌리내리고 성장하는 주
춧돌을 마련했다.

▷ 우리나라 사람들은 처음에 야구의
특징이 전통적으로 내려오던 격구(擊
球)나 타구(打球)와 비슷하다고 하여
서양식 '격구' 또는 '타구' 라 불렀다.
중국에서는 방망이를 이용하는 경기
라 하여 '봉구(棒球)' 라 했고, 일본에
서는 넓은 들판에서 한다 하여 '야구
(野球)' 라 불렀다. 동경 유학생들은
'수구(手球)' 라고 했으나 지속성을 갖
지는 못했고, 결국은 야구라는 일본식
용어가 정착된 셈이다.

△추억으로 남은 전성시대 '1912'. 황성 YMCA 야구단이 우리나라 스포츠 사상 최초로 해외(일본) 원정을 떠났던 1912년을 뜻하는 숫자다. 하와이 교포 야구단이 모국을 방문했을 때도 이 유니폼을 입었다.

◁ 모자며 유니폼이 자유분방한 YMCA 선수단과 절구공이 같은 배트가 눈길을 끈다. 1919년 9월 27일 용산 철도구장에서 철도 군과 경기를 마치고 찍은 사진인데, 이때만 해도 천하무적이라는 명성은 많이 퇴색했을 무렵이다.

7년째 황성 YMCA 부회장직을 맡아왔던 윤치호가 105인 사건의 주모자로 몰리자 YMCA 활동은 치명적인 타격을 입었고, 야구단도 일본 원정에서 돌아오자마자 팀 해체라는 시련과 맞닥뜨린다. 날조된 '105인 사건'으로 윤치호가 1913년 3월 투옥되자 일제는 조선 황실이 없어졌다는 이유로 '황성(皇城)'이라는 단어를 사용하지 못하게 했고, 이후 '중앙기독교청년회'로 부르도록 강요했다. 질레트 총무는 '105인 사건'의 진상을 알렸다는 혐의로 결국 1913년 6월 쫓겨나다시피 조선을 떠나야 했고, 두 번 다시 한반도에 발을 들여놓지 못한 채 중국에서 목회 활동을 하다가 일생을 마쳤다.

한국야구의 최초의 스타
허성

황성 YMCA의 포수를 맡아 1912년
일본원정에 나서다. 오성학교를 지도하며
야구의 명문으로 키웠으며
1924년에는 YMCA 선수들을 주축으로 한
국가대표팀의 단장을 맡아 하와이 원정에 나서다

KOREA BASEBALL HALL OF FAME

미국에서 체육 유학을 마치고 귀국한
최초의 한국인 허성. 1923년 귀국 당
시의 모습과 제주도 야구박물관에 전
시된 명판. 명판의 설명대로 그는 한국
야구 최초의 스타였다. 허성이 실질적
인 리더 역할을 맡았던 황성 YMCA 야
구단의 존재가 한국야구 100년사에서
차지하는 비중과 의미는 결코 가볍게
평가할 수 없다. 동경 유학생 야구단을
통해 선진 기술을 받아들이는 창구 역
할은 물론 국내 최강팀으로서 하나의
이정표를 제시함으로써 스스로를 내
던져 한국야구를 뿌리 내리게 했다고
해도 과언이 아니다.

동경유학생 야구단의 모국 방문

동경유학생 야구단은 1909년 처음 모국을 방문하여 황성 YMCA를 19대 9라는 일방적인 점수 차이로 이기며 수준 높은 야구를 선보였다. 챔피언십을 다투는 공식대회가 없어 그저 무관의 제왕이긴 했지만 당시의 국내 최강팀으로 자타가 인정하던 황성 YMCA 야구단의 참패는 상당한 충격을 안겨주었다. 제1차 동경유학생 야구단의 모국 방문은 야구 기술과 규약에 대한 새로운 인식과 함께 유니폼과 장구를 갖추게 하고 우물 안 개구리 YMCA가 실력 향상을 꾀하는 계기가 되었다.

국내의 야구 수준을 한 단계 끌어올리는 역할을 했던 유학생 야구단과 YMCA의 기념촬영(1912년). 1909년 첫 방문 때 유학생 야구단의 화려한 유니폼에 자극을 받은 YMCA 야구단은 1910년이 되자 엉성하나마 가슴에 'YMCA'라고 새긴 유니폼을 맞춰 입었고 처음으로 스파이크를 신었다.

△ 동경유학생 야구단과 YMCA 야구단의 기념촬영(1920년대, 훈련원).

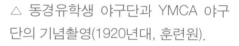

◁ 1909년 첫 방문, 첫 시합에서 YMCA를 19대 9로 누르는 일방적인 경기를 펼쳤던 유학생 야구단은 1912년 7월 제2차 방문 때는 황성 YMCA 야구단과 연합팀을 만들어 한반도 안의 일본인 팀들과 시합을 가져 연승을 거두었고, 그 여세를 몰아 일본 원정을 계획하게 된다.

◁ 동경유학생 야구단과 배재고보 야구팀의 기념촬영(1928년 7월 23일). 이날의 경기에서 유학생 야구단은 8대 5로 승리를 거두었다.

△ 중앙 YMCA 야구단 소속이었다가 유학을 떠났던 윤치영은 와세다 대학생 신분으로 제5차 모국 방문단에 동참했다(1920년 7월 13일).

▷ 와세다 대학을 마치고 미국으로 유학을 떠나는 윤치영.

1904~
만능 스포츠맨
백기주

초기 한국스포츠의 만능선수로 명성을 떨치다
배재고보~연희전문을 거쳐 일본유학 도중
1928년 유학생 모국방문단의 투수로 참가
한반도 최강을 자랑하던 용산철도 구락부를
꺾는데 앞장서다

KOREA BASEBALL HALL OF FAME

△ 제주도 야구박물관에 전시된 백기주의 명판. 배재고보와 연희전문에서 투수로 활약했고 일본 유학 중에는 유학생 모국 방문단에도 참가했다.

◁ 현역에서 은퇴한 후 인터뷰를 하는 백기주.

△ 휘문고보 운동장에서 열린 유학생
방문단과 휘문고보의 경기를 구경하
기 위해 운집한 관중들(1928년 7월
27일). 당시의 야구 열기를 짐작하기
에 충분하다. 경기 결과는 유학생 야구
단이 2대 1로 승리했다.

▷ 1920년대와 1930년대에 걸쳐 활
동했던 고려구락부 야구단. "조선 야
구의 재건"이라는 기치를 내걸고 조직
된 고려는 뛰어난 선수들을 보유하고
있어서 1937년 휘문고보에서 치러진
유학생 야구단과의 경기에서 13대 2
라는 큰 점수 차로 이길 수 있었다.

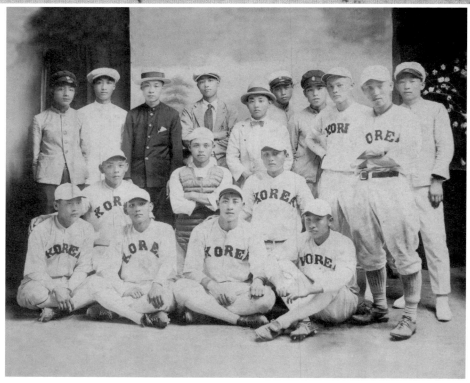

마지막으로 모국을 방문한 동경유학
생 야구단과 전 휘문군의 경기 장면
(1937년 7월 9일). 이날 유학생 야구단
은 7대 3으로 패배를 맛보았고 이 해
를 끝으로 더 이상 모국 방문은 이어지
지 못했다.

전조선야구대회

1920년 7월 13일과 11월 4일은 우리나라의 야구사에 새로운 이정표가 세워진 날이다. 7월의 조선체육회의 창립에 야구인들이 주도적으로 참여했고 11월의 창립 기념대회 역시 '전(全)조선야구대회'로 치러졌기 때문이다. 이 대회는 오늘날 대한체육회가 주최하는 전국체육대회의 효시로 꼽는다.

전설의 시대에서 역사의 시대로! 월남 이상재 선생이 1920년 11월 4일 시작된 전조선야구대회에서 시구를 함으로써 우리나라 야구의 새로운 역사가 시작되었다고 할 수 있다.

△ 공전의 대 야구전. 제2회 전조선야구대회를 보도한 동아일보 기사.

◁ 중학부 우승은 배재고보. 당시 최강의 전력을 자랑하던 배재는 경신을 4대 2로 이기고 제1회 전조선야구대회에서 우승을 차지했다.

本舘新築時野球大會優勝記念
大正十年十一月

△ 결승전 없이 우승을 차지한 휘문고
보. 1921년 제2회 전조선야구대회에
서 휘문은 경신고보가 기권하는 바람
에 경기도 치르지 않고 우승을 차지했
다. 휘문 선수들은 우승 기념으로 당시
신축공사 중이던 교사 앞에서 학생들
과 기념촬영을 했다.

▷ 완공된 휘문고보 교사.

△ 배재고보 운동장은 전조선야구대
회를 비롯하여 많은 경기가 열리던 곳
이었다.

◁ 경성중학 운동장. 배재고보의 불참
으로 제2회 전조선야구대회의 첫 날
경기는 경성중학에서 열렸다. 당시는
신교육이 자리를 잡을 무렵이라 신식
교사가 속속 건설되고 있었다.

第四回 全朝鮮野球大會入場式

△ 배재고보 운동장에서 열린 제4회 전조선야구대회의 입장식(1923년 5월 17일).

第四回 全朝鮮野球大會 優勝旗授與式場
1923. 5. 19

▷ 휘문고보는 오산고보와 결승전을 치러 14대 3으로 승리를 거두고 제4회 전조선야구대회 중학부 우승을 차지했다. 휘문은 초반 4회까지는 1대 1로 팽팽한 호각지세를 이뤘으나 5회말부터 맹공을 펼친 끝에 승리를 거뒀다.

△ 제5회 전조선야구대회의 개회식 (1924년 5월). 소학부 인천공보, 중학부 배재고보, 청년부 대구청년회가 우승을 차지했다. 학교 야구와 성인 야구를 망라하여 경기를 치른 전조선야구대회는 한국야구를 발전시키는 데 결정적으로 이바지한 부동의 공식대회였다.

◁ 제5회 대회에서 이영민(3루수), 백기주(투수), 함용화(포수)가 완벽한 호흡을 맞춘 배재고보는 1회전에서 중앙을 25대 2로 대파한 여세를 몰아 우승후보로 꼽히던 전년도 일본 갑자원대회 출전 팀 휘문고보를 결승에서 22대 2로 이기고 우승했다.

왼쪽부터 지성룡, 함용화, 백효득. 당
대를 주름잡던 명선수들이었다.

제1회 전조선야구대회의 대회장을 맡
았던 장두현 조선체육회 회장.

△ 제5회 전조선야구대회에서 시구를 맡았던 최 린 제3대 조선체육회장.

◁ 제1회 전조선야구대회에서 개회사를 했던 고원훈 조선체육회 이사장. 그는 제4회 대회에서는 시구를 했던 사람이다.

第七回全朝鮮野球大會八場武
一九二六年十月二十一日

△ 새로 건설된 경성운동장(현 동대문 운동장)에서 열린 제7회 전조선야구대회 입장식(1926년 10월 26일). 경성운동장이 완공된 1925년 이후 우리 민족이 사용한 것은 이때가 처음이다.

▷ 전개성 팀과 서울구락부의 경기 (1925년 10월). 개성 포수는 김부길, 심판은 신홍우. 경기 결과 수준급 슬라이딩 실력을 발휘한 서울구락부가 10 대 0으로 승리했고 이 대회 결승에서 대구청년회를 11대 5로 꺾고 우승을 차지했다.

윤치호 조선체육회 회장이 제9회 전조선야구대회에서 시구를 하고 있다 (1928년 5월 18일). 윤치호 회장은 105인 사건 당시 YMCA의 부회장이었고 동경유학생 야구단에 참가했던 윤치영의 형이다.

배재의 이영민 선수가 홈으로 들어오는 것을 함용화 선수가 지켜보고 있다. 심판은 김수영. 제12회 전조선야구대회에서 맞붙은 배재체육부와 월성단의 경기 장면으로 배재체육부는 이 대회 청년부에서 우승을 차지했다.

△ 우승을 거둔 전(全)배재 팀. 제10회 전조선야구대회 청년부에서 전 배재는 투수 백기주와 김영식, 포수 마춘식이 활약을 펼쳐 경성전차를 10대 8로 눌렀다.

▷ 야구와 정구의 합동 대진 추첨식. 경성운동장에서 동시에 열기로 했던 제12회 전조선야구대회와 제11회 전조선정구대회의 대진 추첨식이 각 팀의 대표자들이 모인 가운데 열렸다 (1931년 6월).

△ 배재의 동반 우승. 출전 정지를 당했던 중학부의 배재가 결승전에서 중앙을 16안타로 두들기며 18대 1의 쾌승을 거두고 승리했다. 청년부에서도 배재체육부(전 배재)가 연희전문을 9대 4로 누르고 우승, 중학부와 함께 배재의 형과 아우가 나란히 제12회 전조선야구대회에서 우승을 차지했다.

◁ 우승기를 받는 중앙고보. 제13회 전조선야구대회 중학부에서 우승을 차지한 중앙고보가 윤치호 조선체육회 회장으로부터 우승기를 받고 있다 (1932년). 윤치호 회장은 중앙 YMCA 선수를 거쳐 동경유학생 야구단의 일원으로 활약했던 윤치영의 형이다.

△ 전조선야구대회의 초창기였던
1920년대에는 총독부의 경무국장이
나와서 시구를 할 정도로 비교적 자유
롭게 경기가 치러졌으나 일제의 군국
화와 함께 야구도 된서리를 맞았다.

▷ 군대식 복장으로 등교하는 일제 말
기의 학생들(1940년대 초).

△ 야구까지 탄압했던 일본 제국주의. 조선총독부는 각종 야구대회의 우승팀에게 신사참배를 강요하는 등 횡포를 일삼다가 대륙 침략의 야욕을 드러낸 만주사변을 계기로 야구 통제안을 휘둘러 경기마저 봉쇄하기 시작했다.

◁ 일제의 군국화 교육은 여학생들도 예외가 아니었다. 여학생들의 목검 연습 장면.

하와이동포 야구단의 고국 방문과 답방

1923년 모국을 방문했던 하와이 동포학생 모국 방문단은 야구 선수단과 합창단을 겸하고 있어서 여학생들도 포함되어 있었다. 전국을 순회하는 목적도 단순한 친선경기나 합창 공연에 그치지 않고 독립운동 자금을 모금하는 동시에 하와이 동포 2세들에게 모국의 실상을 알리는 교육의 장이기도 했다.

서울 역에 모습을 드러낸 하와이 동포학생 모국 방문단. 야구 선수단과 합창단이 함께 왔기 때문에 23명의 방문단 중에는 여학생들도 포함되어 있었다. 하와이 동포 팀은 마침 모국을 방문하여 순회경기를 벌이고 있던 동경유학생 야구단과도 일전을 치렀다(7월 11일). 이 게임은 미국과 일본 야구의 대결이라는 점에서 많은 이들의 흥미를 끌었고 유례없는 난타전 끝에 하와이 동포학생 팀이 26대 19로 승리를 거뒀다.

△ 월남 이상재 선생이 배재고보 운동장에서 열린 하와이 동포학생 야구단과 '1912(YMCA 야구단의 다른 이름)' 팀의 경기에 앞서 시구를 했다 (1923년 7월 5일).

◁ 핸드볼 스코어의 친선 경기. 하와이 동포학생 모국 방문단은 10대 선수들이 주축이었지만 전(全)서울 선발팀이나 마찬가지였던 '1912' 팀을 맞아 3시간에 걸친 타격전 끝에 22대 16으로 이겼다.

△ 하와이 원정 야구단의 입장식. 1924년 8월 9일 귀국한 이들은 현지에서 미국 해군 팀, 중국인 팀, 일본인 팀, 원주민과 포르투갈 연합팀 등과 모두 9차례 경기를 가져 2승 1무 6패를 기록했다고 전했다.

▷ 허성 단장, 김영술 매니저를 비롯하여 윤치영, 박성윤, 박석기, 박천병, 박안득, 서상철, 정인규, 이경구, 마춘식, 김성환, 차세진 등 13명의 하와이 원정 야구단이 현지 동포들의 환영을 받고 있다(1924년 7월).

한국야구단 1924년하와이원정팀

◁ 비록 단복(團服)은 제대로 갖춰 입지 못했지만 저마다 멋을 부린 양복 차림으로 하와이에서 기념촬영을 했다.

하와이 원정에 참가했던 정인규와 마춘식(왼쪽부터).

프로야구 올스타팀 등 미국 야구의 방한

    미국 프로야구 올스타팀이 1922년에 우리나라를 방문할 정도로 1920년대의 국제 교류는 화려했다고 할 만하다. 물론 그들은 일본에 친선경기를 하러 왔다가 중국으로 가는 도중에 신문사 초청으로 한반도를 방문하여 경기를 가졌지만, 그들과의 경기를 통해 우리나라 야구는 큰 발전을 할 수 있었다. 프로야구 올스타 팀에 이어 시카고 대학 야구팀, 미국 여자야구단, 흑인야구단 등의 초청경기도 열렸다.

미국 프로야구 올스타팀이 최초로 남대문 역에 모습을 드러냈다(1922년 12월 7일). 미국 프로야구 올스타팀은 일제 강점기에 한반도를 방문했던 최강의 미국 야구팀이었다.

한강이 바라보이는 용산 철도구장에서 기념촬영을 한 미국 프로야구 올스타들. 일본에서 15승 1패의 전적을 올린 올스타팀은 인천을 거쳐 서울의 반도호텔에 여장을 풀었으며, 8일 전조선청년회와 경기를 치르고 다음날 오전 10시 봉천행 기차를 타야하는 빠듯한 일정이었다.

△ 경기에 앞서 포즈를 취한 미국 프로
야구 올스타 선수들.

▷ 미국 올스타팀의 허브 헌터 감독은
혼자 동경으로 건너간 이원용의 요청
에 선뜻 일정을 바꿔 방문을 약속했다.
조선체육회가 출전료 1천 원과 서울
체재비를 부담하는 조건이었다.

서울(경성)로 찾아온 미국 여자야구단. 조선인 전서울 팀과 1925년 11월 23일 경성운동장에서 경기를 치렀다. 전서울 팀은 처음에 여자들을 상대한다고 노장 선수들로 팀을 구성하였으나, 여자 선수들이 2명밖에 출전하지 않는다는 소식에 최강팀으로 바꿔 출전하여 7대 5로 승리를 거두었다.

일본을 방문한 흑인야구단 로열 자이언츠 팀과 다카라즈카 선수단의 기념촬영. 로열 자이언츠의 '케디' 선수가 1927년 5월 20일 식산은행과의 경기에서 기록한 경성운동장 개장 이후 최초의 장외 홈런은 다음해인 1928년 제1회 연전-경의전 정기전에서 이영민이 터뜨린 한국인 최초의 홈런보다 1년 앞선 기록이었다.

◆朝鮮體育會主催 東亞日報社後援 國際的競技의新異彩◆
Baseball Match between Chicago University and All Seoul Teams
米國市俄古大學·朝鮮全京城軍對抗野球戰

시카고대학 야구팀의 방문에 대해 크게 보도한 1925년 10월 26일자 동아일보 3면 기사. 동서반구의 빗다른 용사라는 표현이 재미있다.

△ 전(全)서울 팀은 비록 경기에서 11
대 2로 지긴 했지만 경성운동장 완공
후 첫 시합을 했던 뜻깊은 날이다.

▷ 시카고대학과 함께 방한한 다카라
즈카에서 활약하던 조선인 선수들. 왼
쪽부터 김정식, 손효준, 정인규, 함용
화. 다카라즈카는 일본야구의 프로화
가 진행되던 과도기에 나타난 팀으로
외국팀과의 친선경기가 잦았다.

남대문 역에 모습을 드러낸 시카고대
학 야구팀.

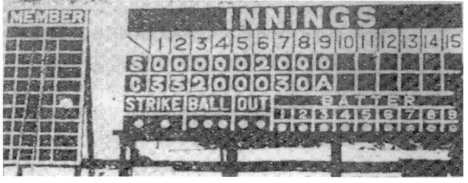

시카고대학 야구팀과 전서울 팀의 경
기 결과를 기록한 스코어보드.

일본에서 활약한 조선인 선수들

　일제 강점기 성인야구의 공식적인 대회는 1927년 도쿄의 일간지 주최로 창설되어 일본의 도시 대표뿐 아니라 한국, 만주, 대만 등 일본의 영향력 아래 있었던 범(凡)극동 지역의 야구팀이 모두 출전할 수 있었던 흑사자기 쟁탈 '전일본 도시대항 야구우승대회'였다. 당시 두각을 나타낸 조선인 선수들은 다카라즈카 팀이나 프로야구 팀에서 크게 활약하기도 했다.

식산은행이 흑사자기 쟁탈 도시대항전 조선 예선에서 우승을 차지했다(1936년). 뒷줄 왼쪽부터 네 번째가 이영민, 여섯 번째가 노정호. 멀티 플레이어 이영민은 1932년 6회 대회에 외야수, 7회 대회에 좌익수, 9회(1935년)와 10회(1936년) 대회에서도 전 경성 선수로 본선 무대를 밟았다.

△ 흑사자기 쟁탈 도시대항야구대회에서 우승한 전(全)경성 팀이 여관 앞에서 유서 깊은 흑사자기를 앞세우고 기념촬영을 했다(1940년).

◁ 1932년 교토제국대학에서 유일한 조선인 선수로 활약했던 노용호(앞줄 왼쪽에서 세 번째). 그는 노창호, 노정호와 함께 이름을 날린 목포의 3형제 선수의 맏이다.

△ 미국 프로야구 올스타팀과 전(全)일본 올스타팀의 기념촬영. 앞줄 맨 왼쪽이 조선인으로는 유일하게 전 일본 올스타팀에 뽑혔던 이영민 선수(1934년). 가운데 양복입은 사람의 오른쪽이 베이브 루스 선수.

▷ 이영민 선수와 미국 올스타팀의 강타자 지미 팍스.

△ 뉴욕 양키스의 주포 루 게릭(가운데)과 이영민 선수(오른쪽).

◁ 일본에서도 대단한 인기를 모았던 미국의 야구 영웅 베이브 루스와 기념 촬영을 한 이영민 선수. 그는 야구뿐만 아니라 축구에서도 발군의 실력을 자랑하며 전(全)경성팀 주전 선수로 활약하였다. 경성운동장 개설 이래 최초로 이영민 선수가 홈런과 장외홈런을 기록하자 "떴다 안창남, 달렸다 엄복동, 때렸다 이영민" 이라는 말이 나돌았다.

Homerun Batters
Babe Ruth & Lee Young Min
All Americans   All Nippon
Nov. 5, 1934
At Meige Jingu Baseball Stadium
In Tokyo, Japan

△ 미국 프로야구 올스타팀과 맞붙었던 전 일본 올스타팀 선수들의 사인. 오른쪽에 이영민 선수의 사인도 보인다.

▷ 얼 에이브릴 선수와 이영민.

Homerun Batters
Lee Young Min & Earl Averill
All Nippon   All Americans
Nov. 5, 1934
At Meige Jingu Baseball Stadium
In Tokyo, Japan

김영조는 소학교 6학년때 교장선생님을 졸라 야구팀을 만들었다. 소학교 1학년때 동경으로 건너갔던 그는 일본에서 야구를 배워 귀국한 후 농협 야구의 대부로 활약했다.

제경상업(帝京商業) 야구팀은 1939년 갑자원대회 동경 예선에서 우승을 차지했다. 앞줄 왼쪽끝에 앉은 사람이 김영조 선수로 제경상업의 2학년이었다. 제경상업은 지역예선에서 우승하고도 부정선수 시비로 본선에는 나서지 못했다.

제경상업은 1941년 제27회 갑자원 대회 동경 예선에서도 우승했지만 전운이 감도는 바람에 본선은 취소되고 말았다.

김영조 선수는 2년제 중학인 도시마 고등소학교에서 연식야구부에 들어가 처음으로 경기에 출전했다. 앞줄 왼쪽에서 네 번째가 김영조 선수.

김영조 선수가 대학과 프로에 입단하기 전 활동했던 후지쓰 클럽. 당시 일본에선 동네마다 순수 아마추어 야구 클럽들이 있었다. 뒷줄 왼쪽끝이 김영조 선수.

손효준, 백효득, 김정식, 정인규, 한기준, 함용화, 이경구 등의 조선인 선수들이 활약을 벌였던 다카라즈카 팀. 일본 야구가 프로로 전환하는 과도기에 일정한 역할을 했던 팀으로 손꼽힌다.

함용화 선수와 다카라즈카 팀의 동료들. 왼쪽에서 세 번째가 함용화 선수.

맨 오른쪽에 엎드린 선수가 함용화.

1900년 9월 9일생인 함용화(왼쪽)는 배재고보에서 포수로 활약했고, 1922년 미국 프로야구 올스타팀이 방문했을 때는 전(全)조선 팀의 좌익수로 출전했다.

한기준과 함용화(오른쪽). 휘문의 한기준은 제3회 4구락부 연맹전 배재와의 경기에서 무려 22개의 삼진을 빼앗아 일제 강점기의 한 게임 최다 탈삼진 기록을 세운 선수다.

포즈를 취한 다카라즈카 선수. 요즘의 모양과 비교해볼 때 너무 차이가 많이 나는 글러브가 재미있다.

경성운동장에서 포즈를 취한 다카라즈카 시절의 함용화 선수.

함용화 선수(오른쪽)와 다카라즈카 팀의 동료.

△ 유완식이 활약했던 1940년대의 한
큐 브레이브스. 유완식(앞줄 오른쪽 두
번째)은 1937년 한큐에 스카우트된 후
1942년부터 1944년까지 3년 동안 1
군에서 포수로 선수생활을 했다.

▷ 일제 강점기의 성인야구팀. 이타미
(Itami)라고 표기된 유니폼을 입은 팀
에 다카라즈카의 유니폼이 섞여 있기
도 하고 모자도 색깔이 서로 다르다.

일본 프로야구 최고의 명문구단인 요미우리 자이언츠의 최고 투수였던 이팔룡. 그는 슬라이더를 최초로 완성시킨 투수로 야구 역사에 큰 이름을 남겼다. 1955년까지 13년 동안 통산 200승, 방어율 1.90, 최고 방어율과 최고 승율 각 3회, 최다승 1회, 투수 최고의 영예인 사와무라상을 1회 수상했으나 한국인인 관계로 일본내에서는 크게 부각시키지 않았다.

팬들에게 둘러싸여 사인을 해주는 이
팔롱 선수.

일본 프로야구 명예의 전당에 헌액된
이팔롱 선수의 투구 모습.

덕 아웃에서 팀을 응원하는 요미우리
자이언츠 소속의 이팔룡 선수(가운데).
그는 1950년 니시니혼 파이어리츠를
상대로 일본 최초의 퍼펙트게임을 기
록하는 등 크게 활약하여 일본 프로야
구 명예의 전당에 이름을 올렸다.

일제 강점기의 학교 야구

1905년에 황성 YMCA 야구단이 창단된 이후 학교 팀으로는 가장 빨리 1905년에 야구단을 창단했던 한성학교에 이어 1907년 휘문의숙, 1911년에는 경신학교를 필두로 중앙학교, 배재학당, 보성학교, 오성학교 등에서 야구부를 창단했으며, 이로써 '중학 야구'가 우리나라 야구의 중심 무대로 자리를 잡기 시작했다.

경북고등학교의 전신인 대구고보 선수단의 기념촬영(1928년).

△ 휘문고보의 야구 경기 장면(1917
년). 동네 공터에서 경기를 하고 있는
것처럼 경기장이 엉성해 보인다.

◁ 대구중학 야구부의 반쪽짜리 기념
사진(1920년대). 나머지 반쪽이 없어
진 이 사진을 통해 당시의 유니폼과 장
비들의 형편을 엿볼 수 있다. 부친이
선수생활을 했다는 포항의 홍윤식 씨
가 제공한 사진이다.

△ '휘승청패(徽勝青敗)' -휘문이 이기고 기청(YMCA)이 지다. 휘문은 지방 원정을 마치고 돌아온 YMCA에 도전하여 마침내 승리를 거두고 새로운 역사를 창조한다. 사진은 휘문 시절의 이쾌대 선수(오른쪽).

▷ 배재고보 야구팀. 전조선중학야구 연맹전이 시작된 1925년에 촬영한 기념 사진이다.

△ 1927년 배재고보의 주전 포수였던 김낙현 선수. 포수 미트, 렉 가드 등이 요즘과는 많이 다르다.

◁ 배재고보에서 뛰어난 활약을 펼쳤던 김정식 선수. 벨트가 옆으로 돌아가 있고 유니폼 상의의 소매도 길다. 당시의 글러브 역시 작고 뭉툭했다.

제1회 중등학교야구리그전을 주최한 조선일보의 사고(社告). 1925년에 창설된 최초의 중학야구 공식경기였던 이 대회는 1931년까지 계속되었다.

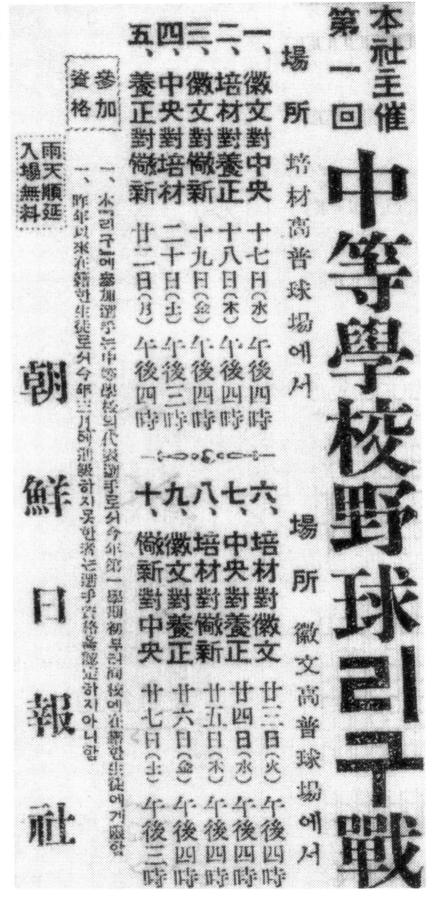

△ 1925년 첫 우승 차지한 중앙고보.
6월 18일 시작하여 7월 4일 막을 내린
제1회 중등학교야구리그전에서 우승
을 차지한 중앙고보 선수단이 우승컵
을 안고 기념촬영을 했다.

◁ 우승팀인 중앙고보에 우승컵을 시
상하는 이상재 조선일보사 사장. 이상
재 사장은 이 대회의 개막전에서 시구
를 하기도 했다. 왼쪽은 최동만 씨.

△ 조선일보 주최의 중등학교야구리
그전은 경성부내 사립중학교야구연맹
전의 형태로 시작되며 배재고보와 휘
문고보 운동장을 경기장으로 사용했
다(1925년 6월).

▷ 유니폼만으로는 식별하기 어려운
1930년대의 고등보통학교 야구부의
기념사진. 가운데 중절모를 쓰고 수염
을 기른 이는 월남 이상재 선생.

광주고등보통학교 야구부 창단 기념
사진(1923년).

3·1 운동으로 싹트기 시작한 민족의
식이 동맹휴학이라는 형태로 전개되
다 6·10만세 운동과 1929년의 광주
학생의거로 이어졌다.

학생들의 민족의식은 야구경기장에서
도 빈번하게 표출되곤 했다.

△ 대구상업 야구부의 창단 기념사진
(1928년 4월). 한때 경비부족으로 창
단이 중단되기도 했으나 대구상업은
1930년 조선대표로 갑자원대회 본선
에 진출하였다.

▷ 광주고보 야구팀의 1936년도 기념
사진. 가운데줄 왼쪽에서 네 번째가 심
양섭 선수.

△ 갑자원대회 본선진출을 위한 대구
상업의 실력은 이미 1928년부터 다져
진 셈이다. 남조선 대표 추천 기념사진
(1928년 10월).

◁ 대구상업, 조선민보사 주최 춘계 ·
추계리그전 우승(1929년 5월).

△ 일본 내각총리기(旗) 야구대회 우승
기념사진(1929년).

▷ 대구상업, 북 큐슈(北 九州)원정
1929년 8월 29일.

△ 대구상업의 1938년도 기념사진.

◁ 이게 백스탑(back stop)이라고? 복장도 그렇고 나무로 만든 백스탑도 낯설어보인다(1943년).

◁ 대구상업은 갑자원대회 본선진출 이후 전통의 야구 명문으로 자리 잡았다(1932년).

△ 슬라이딩은 멋지지만 일제 강점기의 야구는 주로 학교 운동장에서 횟가루로 선을 그어 경기장을 만들고 시합을 벌였다. 연희전문학교가 주최한 제2회 중학야구대회에서 휘문의 4번 이신득이 홈인하고 있다.

▷ 연희전문학교는 1931년부터 동아일보의 후원을 받아 중등학교야구대회를 개최한다. 1937년 제7회까지 개최된 이 대회는 조선총독부 야구통제안 아래서 갑자원 대회 예선전을 제외하고는 유일한 공식 경기였다.

△ 동아일보 사옥

◁ 동아일보 사원들이 사옥 앞에서 기념촬영을 했다. 동아일보는 연희전문학교가 주최하는 중등학교야구대회를 후원하여 일제 말기에 자칫 공백기를 맞을 뻔했던 야구의 명맥을 잇는 데 이바지했다.

부산동래고야구팀 1938. 5. 15

△ 일제 강점기의 동래고등보통학교 야
구부. 1938년 5월 15일에 찍은 이 사진
에서 다른 유니폼을 입고 흰 모자를 쓴
두 사람은 선수인지 코치인지 알 수가
없다.

▷ 1936년에 촬영한 동래고보 야구팀
의 기념사진.

△ 중앙고보 주최의 제3회 전조선보통
학교아동야구대회에서 우승을 차지한
교동공립보통학교 선수단(1930년 11
월 6일).

◁ 경상남도 중등학교야구대회의 우
승기를 앞에 들고 촬영한 동래고보 야
구팀의 졸업 기념사진(1939년 3월 4
일).

갑자원대회 예선전과 중학야구

일본은 1915년 아사히신문사 주최로 '전국중등학교우승야구대회'를 창설했다. 일제는 이 대회에 조선인의 참가를 허락하지 않다가 1921년 제7회 대회 때부터 조선과 만주 대표의 출전을 허용했고, 2년 뒤에는 대만 대표의 출전도 허락했다. 조선인들만으로 구성된 팀이 본선 진출권을 따낸 것은 1923년 휘문고보가 유일무이하다.

전국중등학교우승야구대회를 창설하여 시구를 하는 무라야마 아사히신문사 사장. 갑자년인 1924년 갑자원에 경기장을 신축하면서 '갑자원대회'라는 이름이 붙었다.

△ 갑자원대회에 조선 대표로 참가팀 가운데 조선인 선수들로만 구성되었던 학교는 휘문고보가 유일하다. 1923년 본선에 진출했던 휘문고보는 8강까지 진출하는 기염을 토했다.

◁ 개성운동장에서 벌어진 남선중등학교 야구대회에서 대구상업의 양일득이 첫 득점을 올리고 있다(1930년 8월). 이 대회는 갑자원대회 예선전을 겸하고 있었다. 갑자원대회 선발전은 한반도를 4~5개 지역으로 나눠 지역 예선을 치러야 했다.

△ 갑자원대회 본선진출권을 따낸 대구상업 야구팀(1930년).

▷ 대구상업 야구팀이 갑자원대회 본선에 참가한 뒤 학교로 돌아와 기념촬영을 했다.

△ 조선대표로 갑자원대회 본선에 진
출했던 인천상업 선수단이 1936년에
촬영한 기념사진.

◁ 인천고등학교의 전신인 인천상업
은 1936년, 1938년, 1939년 세 차례
나 조선 대표로 갑자원대회 본선에 진
출했다.

△ 인천상업이 본선에 진출했던 1936
년의 갑자원대회 입장식.

▷ 1937년 3월에 촬영한 기념사진. 뒷
줄 오른쪽에서 두 번째가 김선웅, 그
바로 앞이 장영식 선수다.

갑자원대회 조선 대표 선발전 호남 예
선에서 우승을 차지한 목포상업 선수
단이 광주경기장에서 기념촬영을 했
다(1935년). 당시 노창호의 동생인 노
정호가 선수로 활약했다.

갑자원대회 호남 예선에서 우승한 목포상업 선수단(1933년). 우승기를 들고 있는 가장 왼쪽의 선수가 노창호. 목포상업은 호남 예선에서 우승했지만 한번도 본선에는 진출하지 못했다. 사진을 제공한 노창호 씨는 졸업 후 식산은행에서 이영민과 함께 선수 생활을 했다.

인천상업 선수 시절의 김선웅. 그는 인천 야구의 대부 역할을 했다. 김선웅 선수의 아들인 인천대학교 김종은 교수 제공.

갑자원대회 본선에 출전하는 인천상
업 야구부를 취재한 아사히 신문 기사
(1939년). 교정에서 촬영한 선수단의
기념사진이 실려 있다.

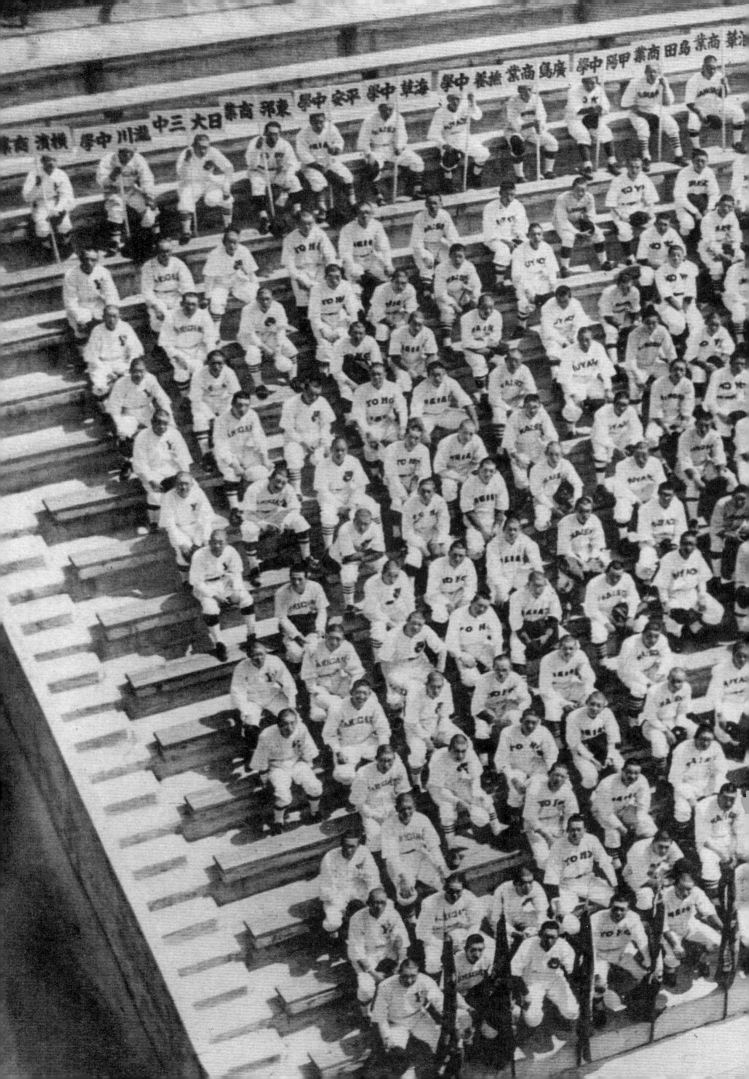

海商華 業商田島 業商陽甲中學 業商島廣 中商業 學中葉海 學中安平 邦東 業商日大 中三 學中川溫 濱横 商華

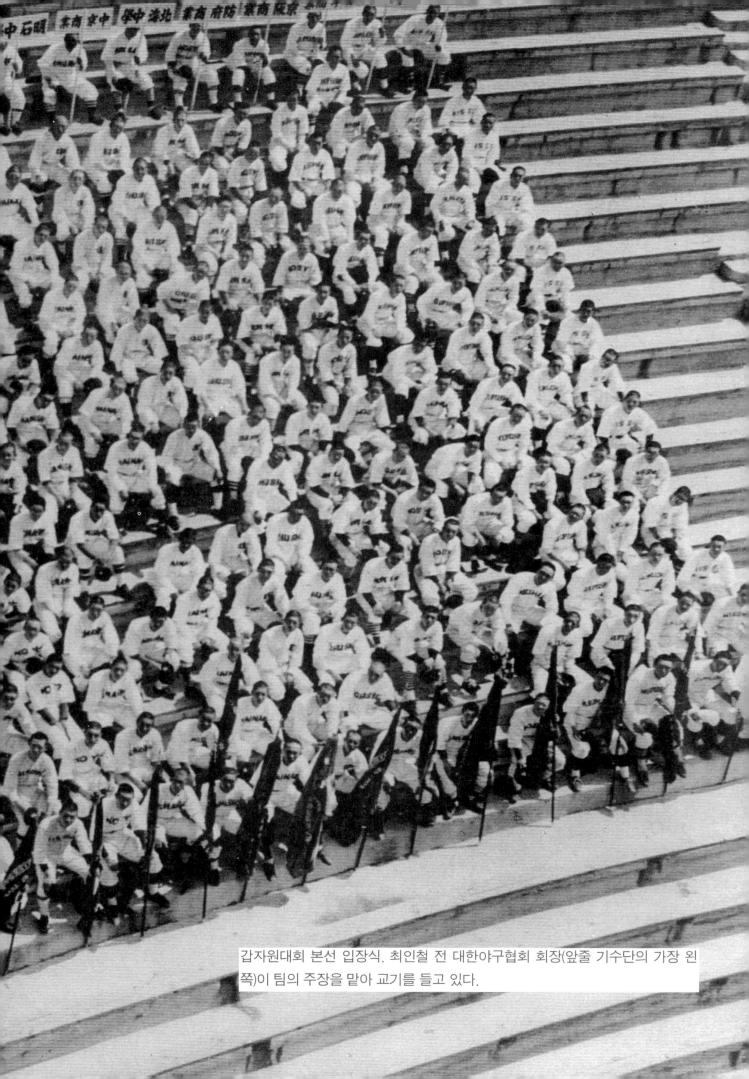

갑자원대회 본선 입장식. 최인철 전 대한야구협회 회장(앞줄 기수단의 가장 왼쪽)이 팀의 주장을 맡아 교기를 들고 있다.

일제 강점기의 성인야구

    학교 야구에 비해 활발한 편은 아니었지만 성인야구 역시 나름대로 명맥을 이
어갔다. 해마다 흑사자기 쟁탈 전(全)일본 도시대항야구우승대회의 조선 대표 선
발전이 개최되었고, 이와는 별도로 동아일보가 후원하는 전조선야구대회 청년부
경기와 함께 역시 동아일보가 주최하는 4구락부연맹전이 열렸다. 아울러 대구, 평
양, 인천, 서울(경성) 등 지방야구를 대표하는 도시들의 대항전도 활발했던 것으
로 보인다.

경신과의 경기에서 타격을 하는 고려구락부의 정인규 선수(1926년 제1회 4구락부연맹전). 고려구락부는 휘문고보 졸업
생들을 주축으로 구성한 성인야구팀이었다. 경신 포수는 김남규, 심판은 손효준.

△ 흑사자기 쟁탈 전 일본 도시대항야구
우승대회 예선에 출전한 전(全)대구군.

◁ 대구는 인천, 평양과 함께 일제 강점
기의 지방 야구를 대표하는 도시였다.

광주 지역 직장야구대회에서 우승한
광주세무서 야구팀(1930년대).

인천 최초의 야구단이었던 한용단은
판정시비로 해산되었다가 1926년 고
려야구단이라는 이름으로 팀을 재건
했다. 왼쪽이 단장 곽상훈 선생.

기록이 정확하지는 않으나 차림새로
미루어 일제 강점기에 활동하던 성인
야구팀인 듯하다.

△ 휘문고보 선수들과 휘문의 졸업생들이 주축을 이룬 고려구락부가 함께 기념촬영을 했다(1920년대 후반).

◁ 전 휘문 팀은 제5회 구락부 야구에서 우승을 차지했다. 휘문은 1차전에서 송재경이 국내 공식대회 첫 노히트 노런을 기록한 데 힘입어 배재를 13대 0으로 제압했다.

◁ 1926년 팀 동료 최인식(앞줄 오른쪽 끝)의 초청을 받아 연희전문 이영민(가운데 줄 오른쪽 두 번째)은 자주 동료들과 함께 광주로 내려가 친선경기를 벌였다.

△ 구름처럼 몰려든 관중들(1930년대). 이 사진을 통해 당시 야구의 인기를 어느 정도 짐작할 수 있다.

▷ 일제강점기 대구지방의 야구경기. 유니폼도 보호장구도 없는 모습이 인상적이다.

대구는 평양, 광주 등과 함께 일제 강
점기 지방 야구를 이끌었던 강자였다.
부친 홍명철 씨가 선수 생활을 했다는
포항의 홍윤식 씨가 제공한 사진이다.

일제 강점기 대구 지방의 야구 경기.

일제 강점기에는 연식야구가 크게 성행했다.

대구는 조선인 성인 야구를 대표하는 지방이었다.

△ 전 대구군 선수단의 우승 자축모임.

◁ 다른 도시로 원정경기를 떠나는 전 대구군.

총독부 관리의 시구. 나비넥타이를 매
고 렉 가드(leg-guard)를 찬 주심과 가
벼운 옷차림의 루심이 대조적이다.

제1회 관서지방야구대회에서 우승을
거둔 백호 팀. 이 사진으로 미뤄볼 때
각 지방별로도 다양한 야구대회가 열
렸던 것 같다.

1932년도 전(숮)광주군 선수들. 앞줄
왼쪽 네 번째 정인규, 다섯 번째 최남
근, 뒷줄 왼쪽 네 번째 안경쓴 사람이
이상봉.

춘계대회에서 우승한 일본인 실업팀이 회사 임원들과 기념촬영을 했다. 일제 강점기의 성인 야구는 일본인 야구와 조선인 야구라는 차별적인 구조속에서 기형적으로 유지되어 왔다.

그들만의 잔치. 1929년, 체신국 선수단이 추기실업연맹야구리그전에서 우승을 차지했다. 1920년대만 해도 공식적인 성인 야구 대회는 경성부청, 철도국, 체신국, 식산은행, 경성전기 등 일제의 관청과 기업들이 벌이는 일본인들의 잔치였다.

경기를 앞둔 두 팀의 개막식. 이미 군국화의 길로 접어들었을 무렵인 1940년 7월 20일이라는 메모가 눈길을 끈다.

제2부
해방 이후의 한국야구
1945~1950

8·15 광복과 한국야구

　　광복을 맞은 체육인들은 1938년 강제 해산을 당했던 조선체육회를 재건하기 위해 광복 20일 만인 1945년 9월 5일 조선체육동지회를 구성하고 11월 26일 제1회 평의회를 열어 헌장을 제정하고 임원을 선출하여 7년 4개월 만에 마침내 조선체육회를 재건했다. 이때 많은 야구인들이 조선체육회를 재건하는 데 적극적으로 참여하여 신생 독립국의 체육 발전의 기틀을 다지는 역할을 자임했다는 사실은 충분히 주목받을 만하다.

해방직후 '해방경축 종합경기대회' 개회식에서 태극기를든 손기정 선수가 감격의 눈물을 흘리고 있다. 제 26회 전국체육대회를 겸한 이 대회에는 남북한의 임원, 선수가 모두 참가했다. 1945년 10월 27일~30일, 서울운동장.

축 해방, 해방군을 맞으려는 인파로 들끓는 서울역 광장(1945년 8월 15일 오후).

독립만세 현수막을 내건 채 얼싸안고 춤추는 시민들(서울역 광장).

대한민국 임시정부를 환영하는 꽃전차(1945년). 새로운 희망으로 가득찬 신생 독립국에서는 체육계의 움직임도 예외가 아니었다.

△ 환호하는 군중에 둘러쌓인 여운형 건국준비위원회 위원장(왼쪽)이 1945년 11월 26일 조선체육회 재건과 함께 제11대 회장을 맡았다.

◁ 대한민국 임시정부 개선 환영대회로 몰려드는 군중들.

서울운동장에서 열린 임시정부 개선 환영대회(1945년 12월 1일).

△ 대한민국 정부수립 국민축하식
(1948년 8월 15일).

▷ 정부수립 경축 현수막이 내걸린 남
대문. 대한민국 정부수립과 함께 조선
체육회는 대한체육회로, 조선야구협회
는 대한야구협회로 이름이 바뀌었다.

△ 정부수립을 기념하여 서울역에서 남대문 쪽으로 향하는 국군의 시가행진(왼쪽, 1948년 8월 15일). 1946년 3월 18일의 발기인총회에서 선출된 서상국 조선야구협회 초대 회장.

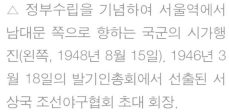

◁ 셋방살이를 하던 1950년대의 대한체육회. 회관앞을 지나가는 당시의 승용차는 시발택시. 대한체육회의 전신인 조선체육회를 재건할때 이영민, 이길용, 서상국, 손효준, 김영석, 민용규, 손희준, 이순재 등 많은 야구인들이 참여했다.

시청앞에 있었던 대한체육회 건물.

무교동에 새로 마련한 대한체육회관
은 오랫동안 한국체육의 보금자리 역
활을 했다.

1899~
초창기야구 창립자
이길용

동아일보 기자로 재직하며
한국스포츠의 창달을 위해 힘쓰다
1936년 손기정의 베를린 올림픽 제패후 일장기
말살사건을 일으켜 민족혼을 일깨우다
1930년 「조선야구사」잡필로 초기야구를 정립하다
1950년 한국 전쟁중 납북되다

KOREA BASEBALL HALL OF FAME

1896~1971
야구행정의 선구자
이원용

조선 체육회 설립을 비롯하여 한국야구를
조직하는 데 공을 세우다. 1922년 메이저리그
올스타팀의 내한경기를 주선하다. 한성 YMCA의
대를 이어 한국 최강팀으로 군림하던
「오성구락부」의 1루수로서
야구기술발전에도 힘쓰다

KOREA BASEBALL HALL OF FAME

◁ 제주도 야구박물관에 전시된 이길용(왼쪽)과 이원용의 명판. 이길용은 일제 강점기부터 야구 발전을 위해 헌신해온 동아일보 기자 출신으로 황금사자기 쟁탈 전국 지구 대표 중등학교 야구대회 창설에 한몫을 했다. 요즘도 이길용 체육기자상이 시행되고 있다. 오성학교와 오성구락부 출신인 이원용은 야구 행정의 선구자로서 일제 강점기에 미국 프로야구 올스타팀을 초청했고 해방 후에도 조선체육회의 재건과 조선야구협회의 창설에 이바지하는 등 한국스포츠와 야구 발전을 위해 크게 이바지했다.

◁ 대한야구협회 대의원대회(1950년 2월 25일). 대한야구협회는 세계아마추어야구연맹 가입을 계기로 새로운 의욕을 선보였다. 1950년 5월 9일에는 도쿄에서 9월에 개최되는 연맹대회에 출전하라는 세계아마추어야구연맹의 초청장을 받고 이정순 이사장과 오윤환, 김영석 이사가 5월 22일부터 도쿄에서 열린 준비위원회에 참석하게 되는데, 이것이 한국 야구가 참석한 첫 번째 국제회의였다.

1949년 3월 2일 개최된 전국평의원
총회에서 선출된 대한야구협회 제3대
임병직(가운데 앉은 사람)회장과 집행
부. 왼쪽에 앉은 사람은 선우인서, 뒷
줄 왼쪽부터 세 번째 이효, 네 번째 손
효준, 다섯 번째 노정호, 여섯 번째 오
윤환 씨.

해방 직후의 성인 야구

　해방 직후의 야구를 거론할 때 자유신문사라는 특별한 존재를 만난다. 광복 이후 첫 야구대회인 4도시대항야구대회를 주최했을 뿐 아니라 곧이어 조선야구협회와 공동으로 월계기 쟁탈 전국도시대항야구대회를 주최했던 곳이기 때문이다. 이 밖에도 조미친선야구대회, 전국대학전문야구선수권대회, 전국중등학교야구선수권대회 등을 개최하여 야구 발전의 기초를 다지는 데 큰 역할을 담당했다.

전(全)경성의 지방 원정. 당시 개성과 함께 38선 이남(남한)에 속했던 연안으로 원정을 갔던 전 경성 연식야구팀의 기념 촬영. 오른쪽 안경 낀 사람이 조점룡 선수. 전 경성은 1946년 5월 17일부터 3일 동안 서울운동장(해방과 함께 경성운동장의 이름이 바뀜)에서 열린 8·15 광복 이후 첫 대회(4도시대항야구대회)의 우승을 차지했다.

감격시대의 야구 원정. 해방 직후의 감격을 상징하는 『의사 윤봉길』이라는 영화 간판 아래서 다른 지방으로 원정을 떠나는 야구팀이 기념사진을 찍었다.

野球再建에 礎石이 될
四都市리-그 成果多大
連三日熱戰끝에 昨日無事閉幕

△ 8·15광복과 함께 우리나라에 주둔하기 시작한 미군들이 한국야구에 끼친 영향은 과소평가하기 어렵다. 해방직후 광주서중 운동장에서 미군들과 친선경기를 가진 뒤 기념촬영한 광주 야구단.

◁ 4도시 대항야구대회에 대한 자유신문 기사. 1946년 4도시 대항야구대회를 개최한 자유신문사는 조미친선야구대회, 전국대학전문야구선수권대회, 전국중등학교야구선수권대회 등을 잇달아 개최하면서 해방이후 야구 재건에 앞장섰다.

8·15 광복 이후 한국야구를 이야기할 때 이영민의 흔적은 여러 곳에서 발견된다. 당시까지도 현역선수로 활동했고 야구협회의 부회장과 이사장을 맡는가 하면 신문에 야구발전을 위한 칼럼을 기고하기도 했다.

解放後朝鮮野球進路

研究努力하면世界水準에到達

朝鮮野球協會副會長 李榮敏

波瀾曲折만흔 혼흔路를 다라온 朝鮮의 野球는 四十餘年의 歷史를 가지고잇는만큼 當初부터의 우리들의 先輩는 熱과 誠意와 勇氣와 犧牲的 精神을 가지고 出發하야 우리 一般競技者와 愛球家들의 欣快함으로 더부러 欣快한 過去의 우리 朝鮮民族의 萬一 프로팀으로서 經濟社會的 環境으로써 不運한 民族『스코어�드』까지를 撤去하고 말어 八·一五前 單이것이 美國의 國水準에까지 到達할수잇는 面目을 維持할수잇...

坑은 모든 文化方面과 三四年間 우리는「그르」한게 떠러저서「브」한게 맥을 만낫던것이다 우리들의 野球界 亦是 겨눠보지못햇든것이다 그러나 八·一五以後 萎縮되여 이러타할 發展을 보지못햇다 생각의 極點으로부터 世界어느나라에두 民族的 自由를 차지하게된 모든 競技 수잇는것이다 그러면 果然 압흐로 朝鮮의 野球界는 어떠케 發展할것인가?

技라하야 이를 崇尙을 批談하는바이다 그러한 理由로 나 이러한 批談을 質을 떠나서 野球 그 自體의 精神을 가지고 野球를 理解하고 野球를 불출아는것 야말로 野球選手는 本來부터 우를하는사람인가 아이가 하는것이 아닐것이다 純然히 우리 朝鮮에 많흔 우리 朝鮮의 野球가 崇尙하는 指導者요 開拓者인 美國野球界의 經驗

我國의 理智와 判斷力이 絶對 必要한것이다 이 野球처럼 科學的 研究가 하는데 技라하야 이룬 崇尙을 批談하는바이다

(역자 全美 軍監督코의 막氏와 筆者 李氏)

132 해방 직후의 성인 야구

△ 월계기 쟁탈 전국도시대항야구대
회의 제1회 우승팀 대구. 대구는 결승
에서 서울을 8대 1로 누르고 우승을
차지한 후 숙소인 관수동 대관여관 앞
에서 기념촬영을 했다. 뒷줄 오른쪽에
서 네 번째가 허곤 선수.

◁ 대구는 제3회 월계기 대회에서도
우승을 차지했다(1948년 6월). 앞줄
가장 오른쪽이 허곤 선수.

第二回全國都市対抗野球大會優勝記念 '47.8.13

△ 월계기를 차지한 인천. 우승기를 든 사람이 최문혁, 앞줄 중앙 유완식, 앞줄 오른쪽의 상장을 든 사람이 갑자원 대회에 출전했던 김선웅 선수.

▷ 인천은 1947년의 제2회 월계기대회 결승에서 부산을 2대1로 누르고 우승을 거뒀다.

인천은 해방 이후에도 지방 야구의 강자로 군림했다.

미국선발야구팀과 전부산선발팀과의 친선경기기념 (1947년)

△ 미국 선발팀과 부산 선발팀의 친선 경기 기념사진(1947년). 1946년 8월 16일부터 3일 동안 해방 후 우리나라 최초의 국가대표팀이 미군부대들과 3차례의 조미친선야구대회를 가져 메인 게임인 미24군단과의 경기에서는 4대 3으로 졌고, 번외경기인 미31부대와 미308부대에는 각각 3대 1과 10대 6으로 이겼다.

◁ 한국 최초의 여자 소프트볼팀인 한국운수주식회사 여자 야구부. 1949년 9월 용산의 미 8군 운동장에서 미군사 고문단 부인팀과 경기를 가졌다. 뒷줄 오른쪽은 김일배 코치.

△ 식산은행 시절의 허곤 선수. 유니폼의 IB는 Industrial Bank의 이니셜이다. 대한야구협회 전무를 역임한 그는 당시 21세로 한국 국가대표팀의 코치겸 좌익수로 활약하던 41세의 이영민 선수와 한 팀에서 선수 생활을 했다.

① 일제 강점기는 물론 해방 직후의 도시대항야구대회에서도 지방 야구의 강자로 군림했던 대구. 동료선수 가운데 누군가가 상을 당하면 왼쪽어깨에 검은천을 붙이고 출전했다.

② 한성실업연맹전에서 우승한 금융조합연합회(1950년). 뒷줄 오른쪽 끝이 김영조 선수.

③ 금융조합연합회의 제7회 춘계 한성실업야구연맹전 우승 기념사진. 앞줄 왼쪽에서 세 번째가 허곤 선수.

△ 조선운수 야구부의 한성실업연맹 춘계연맹전 우승 기념사진(1947년 5월 11일). 조선운수는 1947년도 춘계와 추계, 1948년과 1949년 추계연맹전에서 우승을 차지한 실업 강팀이었다. 앞 줄 왼쪽 ①박근식, ②김선웅, ③안봉식, ⑥유인식, 둘째 줄 왼쪽 우승기를 쥔 박기완, ②유완식, ③박현덕.
◁ 글씨가 새겨진 같은 사진.

금융조합연합회(금연, 농업은행·농협의 전신)는 조선운수와 쌍벽을 이루는 강팀이었다. 금연은 1949년과 1950년 춘계연맹전에서 우승한 것으로 기록되어 있는데, 기록의 착오인지, 다른 대회인지 허곤 씨가 제공한 사진에는 〈1949년 10월 9일 추계리그전 우승 기념〉이라고 씌어 있다.

청룡기 대회와 황금사자기 대회의 탄생

　　감격시대 해방 공간의 야구 열기는 성인야구만의 몫은 아니었다. 오늘날까지도 이어지고 있는 청룡기 대회와 황금사자기 대회를 비롯한 중등학교 야구도 태어나 걸음마를 시작했던 것이다. 청룡기 쟁탈 전국중등학교야구선수권대회는 1946년 자유신문사에 의해 탄생되어 1953년부터 조선일보사가 이어받았고, 이듬해인 1947년에는 동아일보사에 의해 전국 지구 대표 중등학교야구쟁패전이 창설된다. 이 대회는 오늘날의 황금사자기 쟁탈 전국지구별초청 고교야구쟁패전으로 이어지고 있다.

청룡기 대회의 기념품인 시계와 버클(1947년 제2회 대회)

청룡기의 첫 주인은 부산상업. 부산상업은 1946년 9월 18일 열린 결승전에서 경남중학을 8대6으로 이겨 청룡기의 첫번째 주인이 되었다. 부산상업의 우승 사실을 보도한 자유신문 기사.

△ 경남중학의 천하통일. 경남중학은 1948년 청룡기, 황금사자기, 쌍룡기 (오늘날의 화랑기) 대회 등 3개 중등학교 야구대회를 석권하여 천하통일의 꿈을 달성한다. 가운데줄 맨 오른쪽이 장태영, 앞줄 가운데의 양복 차림이 고광적 감독, 그 왼쪽이 허종만.

▷ 막강 경남중학군. 경남중학은 제1회 대회 준우승, 제2회와 제3회 대회 우승 등 청룡기 대회에서 무적의 실력을 발휘했다. 사진은 1948년 올림픽 참가 기념 야구대회 경남예선전에서 우승한 다음에 찍은 기념사진. 뒷줄 깃발 아래가 장태영.

△ 우승기를 수여받는 경남중학 야구부(1948년).

◁ 경남중학 선수의 개인상 수상(1948년). 경남중학은 1948년에 청룡기, 황금사자기, 쌍룡기 등 중등학교 야구대회를 휩쓸어버렸다.

△ 사진전의 입상 작품. 1949년 제4회 청룡기 대회 결승에서 광주서중에 석패하여 울고 있는 경남중학 송주창 포수를 고광적 감독이 달래며 퇴장하고 있는 이 사진은 당시 스포츠 사진전에서 입상작으로 뽑히기도 했다.

▷ 본선불패 경남중학. 경남중학은 1946년의 제1회 청룡기 대회 결승에서 한번 진 것을 빼면 1948년까지 세 차례의 청룡기 대회와 두 차례의 황금사자기 대회 등 5개 전국대회 본선에서 16승 1패의 전적을 자랑한다.

△ 숙소 앞의 동산중학 선수들(1947
년). 청룡기 대회 본선에 진출한 동산
중학 선수들이 숙소인 청운장여관 앞
에서 여가를 즐기고 있다. 왼쪽이 박현
식 선수.

◁ 동산중학의 우승 주역들(1947년).
제2회 청룡기 대회 지역 예선에서 우
승을 거둔 동산중학의 이근배(앞줄)와
박현식, 윤태섭, 한명진 선수(뒷줄 왼
쪽부터).

◁ 박현식 투수가 활약하던 동산중학
은 해방후 중학야구의 강팀이었다. 박
현식 선수는 한때 경기중학으로 스카
웃 되었다가 돌아오기도 하였다.

△ 동래고등학교는 1948년 제3회 청룡기대회와 1949년 제3회 황금사자기대회 본선에 진출했다. 1949년 황금사자기대회에서는 결승에서 경남중학에 패해 준우승을 차지했다. 어우홍 선수의 개인상 수상 모습.

▷ 제1회 경상남도 중등학교야구대회에 참가한 동래중학 야구부.

동래중학은 제1회 경상남도 중등학교
야구대회에서 우승을 차지했다.

타격상 받은 동래중학 주장 백만수 선
수(1950년). 제5회 청룡기대회에서 동
래중학은 준우승을 차지했다.

△ 제2회 경상남도 중등학교 야구대회
에 참가한 동래중학 야구부(1947년).

▷ 1949년 제1회 학도호국단배 전국
중등학교 야구대회에서 우승을 거둔
동래중학.

第四回全國中等學校野球選手權大會優勝記念
4282   (光州西中)   6. 13

△ 명사들도 우승팀이 좋아. 야구장을 찾은 명사들이 제4회 청룡기 대회에서 우승한 광주서중 야구팀과 기념사진을 찍었다(1949년). 뒷줄 왼쪽부터 정상영 주장, 이영민, 이원용 고문, 한 사람 건너 서민호 야구협회장, 신익희, 세계아마추어야구연맹(NBC) 극동 담당 스테이트맨 제독, 임병직 외무부장관, 심양섭 감독, 앞줄 왼쪽부터 정현성, 문일영, 염형열, 김양중, 김용욱, 문택영, 김의석, 최희준, 유종열, 이완재, 최경남.

◁ 신익희 자유신문사 사장의 청룡기 수여. 광주서중의 정상영 주장이 우승기를 받아들고 있다.

△ 청룡기 무대의 명사들. 왼쪽부터 두 번째 서민호, 세 번째 신익희, 다섯 번째 NBC 극동 담당 스테이트맨 제독, 여섯 번째 임병직 외무부장관, 일곱 번째 이원용 대한야구협회 고문 등 명사들이 제4회 청룡기 대회를 관전하고 있다.

▷ 우승의 주역들. 1949년 제4회 청룡기 대회 당시의 광주서중 선수단.

△ "우승을 신고합니다." 광주서중 야구부가 청룡기를 차지한 후 교정에서 우승 신고를 하고 있다. 뒤로 보이는 건물이 선수들의 기숙사이다.

◁ 광주서중은 청룡기 결승에서 경남중학에 9회말 1점, 11회말 1점을 얻어 승리한다. 그것은 기적의 역전승으로 불린다. 한국 야구사의 가장 극적인 승부를 기록한 스코어 보드.

△ 제4회 청룡기 대회 결승전 연장 11회 말에서 승부가 갈린 '전설의 명승부'를 통해 광주서중이 경남중학으로부터 청룡기를 넘겨받은 후의 우승 기념사진(1949년).

▷ "우승기 가져왔습니다." 야구부의 정영상 주장이 광주서중 정종섭 교장에게 우승기를 전달하고 있다.

기분 좋은 시가행진. 우승을 거둔 광주 서중 선수단이 우승기를 앞세우고 광주의 충장로에서 시가행진을 벌이고 있다.

△ 제4회 청룡기 대회의 최우수선수상은 광주일고 김양중 투수(왼쪽의 시상자는 신익희 자유신문사 사장)가 받았다. 당시의 최우수선수상 상장(위).

▷ 1947년의 광주서중 야구부. 앞줄 왼쪽부터 김용구, 김성중, 송옥 교장, 최종익, 염형렬. 뒷줄 왼쪽 두 번째부터 문태경, 김기영, 김의석, 김양중.

△ 청룡기를 든 김양중 선수. 검은물을 들인 미군 군복 바지차림에 고무신을 신었다.

◁ 1947년에 찍은 사진과는 모자 색 깔이 다른 것으로 미뤄봐서 1948년 또는 1949년에 찍은 사진인 것 같다.

△ 신익희 국회의장은 제14대 대한체 육회장을 맡기도 했다.

◁ 제5회 청룡기대회에서 신익희 국 회의장이 시구했던 야구공.

대구상업고등학교 역사전시관의 야구
관련 전시 패널. 아래 사진은 1935년
의 야구부. 대구상업은 1950년 제5회
청룡기대회에서 우승을 차지했다.

△ 재학생들의 환영을 받는 대구상업 선수들. 우승 후에 전쟁이 닥쳐 모든 경기는 중단되고, '용약의용군'으로 참전하여 전사한 선수도 있었다.

◁ 제5회 청룡기대회에서 우승한 후 우승상장을 받는 대구상업 주장 선수.

황금사자기 쟁탈 전국지구대표 중등
학교 야구쟁패전을 보도한 신문 기사.

△ "황금사자기도 양보 못 한다." 청룡기 대회를 2연패한 경남중학은 제3회 황금사자기 대회에서 마침내 청룡기 대회에서 이루지 못한 중등학교 야구 사상 최초의 3연패를 달성했다(왼쪽). 경남중학 우승의 주역 장태영 선수의 서울상대 재학시절(오른쪽).

◁ 무적함대의 황금 배터리. 포수 송주창(왼쪽)과 포즈를 취한 경남중학의 투수 장태영은 광주서중의 김양중에게 일격을 당할 때까지 무패의 기록을 자랑하고 있었다.

△ 제2회 황금사자기대회에서 우승한 경남중학의 기념사진(1948년).

▷ 1949년 6월 9일 제4회 전국소년야구선수권대회에서 우승한 경기중학 야구부. 경기는 1905년에 야구를 받아들이고 팀을 창단했다.

◁ 이러나는 釜中生! 부산중학은 해방 이후 야구부를 선보였다. DM은 동래 중학인 듯하다.

신입부원들을 맞이한 부산중학 야구 부의 기념사진(1950년). 뒤로 교정과 구 교사(校舍)들이 보인다.

1948년 9월 25일 다보탑에서 황금사
자기 대회 출전 기념사진을 찍었다. 동
향의 경남중학이 승승장구하는 동안
부산중학은 절치부심하는 세월을 보냈
던 셈이다.

△ 1947년 창단된 부산중학 야구부의
창단멤버 13명.

◁ 벚꽃 나무와 부산의 바다가 조화를
이룬 교정에서 찍은 기념사진.

1947년 창단 당시의 부산중학 유니폼.
글러브의 모양은 요즘과 상당한 차이
가 난다. 상의의 소매길이는 종전에 비
해 상당히 짧아졌다.

연식야구

　연식야구의 역사를 별도로 기록하기는 어렵다. 어디까지가 연식이고 어디까지
가 경식인지 구분하기가 쉽지 않기 때문이다. 일제 강점기에도 그렇고 해방 공간에
서도 그렇고 연식야구는 한국야구의 역사와 맥락을 함께 하면서 발전해왔다는 것
은 분명하다. 장비가 부족하고 야구에 대한 기술과 경험이 일천했던 일제 강점기와
해방 공간에서는 많은 경기가 연식야구로 치러졌을 가능성도 배재할 수는 없다.

서울운동장에서 열린 연식야구대회. 가운데 꽃을 단 사람이 장점동 연식야구협회 회장.

연식야구협회 임원들과 함께 서울운동장에서 기념촬영을 하였다. 가운데 꽃을 단 사람이 장점동 회장. 해방이 되자 다른 분야와 발맞추어 연식야구도 활발한 움직임을 보인다. 일제 강점기에 선수로 활약했던 장점동 씨가 주축이 되어 협회를 조직하고 대회를 개최하는 등 발 빠른 활동으로 연식야구의 발전에 한몫을 했다. 장점동 씨는 연식야구뿐만 아니라 체육사관(體育史官)으로서 여러 스포츠 분야의 역사적 기록과 자료들을 취재하고 수집하는 데도 열정을 기울여왔는데, 고인이 되신 그분의 유가족이 제공한 사진과 자료들은 한국스포츠사진연구소를 설립하는 데 도움이 되었다.

△ 대한권구협회가 주최하는 제1회 권구(拳球)대회. 서울운동장에서 연식야구대회라는 명칭으로 열린 이 대회에 전국에서 50여 팀이 참가했다. 대한권구협회는 뜻있는 체육계 인사 30여 명이 모여 정관을 제정하고 문교부 체육국의 승인을 얻어냈다.

◁ 본부석의 구식 마이크 앞에 헬멧 모자를 쓰고 앉아서 제1회 권구대회를 참관하는 장점동 회장(가장 오른쪽)과 협회 임원들.

제1회 권구대회(연식야구대회) 개막식
과 시상식. 인사말을 하는 사람과 시상
자는 대한권구협회 회장 장점동 씨. 권
구는 배트 없이 경기하는 야구인데 일
본말로 '찜뿌볼'이라고도 했다. 일제
강점기의 막바지에서 총독부가 전쟁
준비 때문에 발령한 야구 통제안에도
불구하고 우리나라 야구가 명맥을 유
지할 수 있었던 것은 권구 덕분이라고
우스갯소리처럼 이야기하는 사람이
있는가 하면 광복이 되자 권구협회가
정식으로 발족되기도 했다. 우리나라
의 경제 사정이나 경기장 사정 등을 감
안할 때 장소에 구애받지 않고 실행하
기에 가장 적당하다고 판단한 장점동
씨가 주축이 되어 협회를 만들고 서울
운동장에서 50여 팀이 참가한 가운데
제1회 대회를 개최하기도 했다.

연식야구대회에서 우승을 차지하여 우승기를 받는 장점동 선수.

장점동 연식야구협회장은 선수생활의 경험을 바탕으로 적극적인 활동을 펼쳤다. 유니폼을 입고 상을 받는 사람이 장점동 씨.

일제강점기의 연식야구팀. 협성고보를 졸업하고 이 팀에서 활동하던 임규무 선수의 아들 임우철씨가 제공한 사진이다.

다보탑을 배경으로 기념촬영을 한 대구방적 선수들. 대구방적은 연식야구의 강팀으로 알려져 있다.

해방직후의 조선방적 선수들. 맨 오른쪽은 홍명철 선수로 사진을 제공한 홍순창 씨의 부친이다.

△ 일제 강점기 대구지방의 야구 경기. 연식야구가 폭넓게 적용되었을 것으로 짐작된다.

▷ 대구방적은 해방 직후 활발하게 활동했는데 실업팀이 창설되는 계기를 만들기도 했다.

우리가 잘 나가는 대구 팀이야. 일제 강점기에는 도시대항전의 영향으로 전(全)대구군처럼 도시의 선발팀이 보편적인 흐름으로 자리 잡았던 것 같다.

경기 후에 찍은 대구팀과 서울팀의 기념사진.

일제 강점기의 지방 야구를 주름잡았던 전(全)대구군이 연식야구를 했고, 전통을 이은 대구방적도 연식야구의 강자였다.

장비가 부족하고 야구에 대한 기술과 경험이 일천했던 일제 강점기와 해방 공간에서는 많은 경기가 연식야구로 치러졌을 가능성이 있다.

단기 4294년 1월 10일 대한민국 연식야구협회 제16차 회의기념
(우전열부터 이태흥, 변해숙, 김선영, 이정구, 이원용, 홍병창)

△ 대한민국연식야구협회 제16차 회의. 1961년(단기 4294년) 1월 10일에 열린 회의가 16차라면 해방 직후에 협회가 조직되었다고 할 수 있다. 앞줄 오른쪽부터 이태흥, 변해숙, 김선영, 이정구, 이원용, 홍병창 씨. 야구계 원로들이 동참하고 있는 것으로 미뤄봐서 연식야구의 비중을 짐작할 만하다.

▷ 연식야구 동우회(회장 이규태) 결단식. 앞줄 오른쪽이 장점동씨.

제3부
6 · 25전쟁 이후의 한국야구
1950~1962

6 · 25와 한국야구

민족상잔의 비극인 6 · 25 전쟁은 한창 뻗어나가던 야구 열기에 찬물을 끼얹는 장애물이 되기에 충분했다. 특히 1945년의 광복 이후 처음으로 1950년 9월 개최 예정인 세계아마추어야구연맹 도쿄 대회의 초청장을 받고 준비위원회에 대표단까지 파견했지만 전쟁이 터지는 바람에 정작 국제대회 참가는 무산되고 말았다. 더욱이 대학 선발팀의 미국 원정을 준비하던 이정순과 야구 발전을 위해 노력을 아끼지 않던 이길용은 전쟁 중에 납북되고 말았다. 침체의 길을 걸으며 겨우 명맥을 이어가던 야구는 휴전과 함께 비로소 활기를 되찾게 되었다.

1949년 세계아마추어야구연맹에 가입한 대한야구협회의 1950년 2월 25일 대의원 대회는 국제무대 진출의 새로운 청사진을 마련하는 자리였다.

△ 정치인이었던 서민호 씨는 동경유학생 모국 방문단 출신이다. 1949년 3월 2일 전국평의원총회에서 부회장으로 선출되었고, 전쟁 중이었던 1952년 3월 16일 전국대의원대회에서 제4대 회장으로 선출되었다.

▷ 대한야구협회 서민호 회장과 집행부. 당시 국회의원이었던 서민호 씨는 정치적 사건에 연루되어 중도에 회장직을 그만두었다. 왼쪽부터 이규백, 서민호, 선우인서, 김태호 씨.

△ 중도하차한 서민호 회장의 후임으로 제5대 회장에 선임된 이홍직 당시 조선운수 사장(1953년 3월 22일).

◁ 대한체육회 회장 이기붕 씨의 시구(1950년대 초반). 오른쪽은 이홍직 대한야구협회장, 왼쪽은 야구인 김영석 씨.

◁ 야구는 전화위복? 육군 야구부는 6·25 전쟁 중에 젊은 선수들의 대거 입대로 황금기를 맞는다.

4287. 6. 20. 於 서울野球場

△ 국가대표팀과 미8군 선발팀의 첫
번째 친선경기를 마친 후에 찍은 기념
사진(1954년 6월 20일). 국가대표팀은
제1회 아시아 대회를 앞두고 대만 원
정을 계획하고 있었다. 왼쪽의 양복 차
림이 코치 겸 선수인 이영민.

▷ 국가대표팀과 미8군 선발팀의 두
번째 친선경기 기념사진(1954년 6월
28일, 서울운동장).

1954. 6. 28. 서울 於
台灣遠征軍對美軍拔軍 第二回戰

1954. 7. 4. 於 서울運動場

△ 미국 독립기념일을 맞이하여 3차 친선경기를 치른 국가대표팀(서울클럽)과 미8군 선발팀의 기념사진(1954년 7월 4일). 이영민 선수(앞줄 맨 오른쪽 넥타이 차림) 생전의 마지막 모습을 담고 있다.

◁ 국가대표인 서울클럽 선수들. 왼쪽부터 심양섭, 김영조, 김양중.

△ 도시 대항의 강자 인천. 인천은 제8회 전국도시대항야구대회에서 우승을 차지한 강팀으로 당시 유완식 투수를 비롯하여 박현덕, 김선웅, 홍병창, 박근식, 심연택 등 쟁쟁한 선수들이 활동하고 있었다.

▷ 유인식의 타격상 수상. 제9회 전국도시대항야구대회에서 11타수 7안타, 타율 0.636으로 타격상을 수상하는 인천의 1루수 유인식 선수가 이홍직 대한야구협회 회장으로부터 상장과 트로피를 받고 있다(1954년 10월 4일).

△ 전주경기장의 대전 팀과 광주 팀. 두 팀은 전국도시대항야구대회에 참석하여 기념촬영을 했다.

◁ 제주대학에도 야구부가? 제주대학은 1956년 전국대학야구선수권대회에 참가했다. 앞줄 왼쪽부터 한용식, 김태정, 이창은, 고철수, 이봉준, 정길홍, 뒷줄 왼쪽부터 김승열, 조석만, 현무웅, 박철훈, 고지수, 송승규(제주도 야구박물관 제공).

△ 김양중과 심양섭. 전국도시대항야
구대회가 열렸던 모교 광주서중 운동
장에서 두 사람이 기념사진을 찍었다.
김양중은 광주 팀의 선수로, 심양섭은
감독 겸 선수로 참가했다(1956년). 오
른쪽은 전국도시대항야구대회 개막식
에 참석한 광주 팀. 1950년대 군산상
업고등학교 운동장에서 촬영했다.

▷ 광주 팀의 우승 기념사진일까? 우
승컵과 우승기를 담았을 법한 상자를
앞에 놓고 기념촬영을 했다.

▷ 우승은 즐거워! 1954년 전남일보
주최 제1회 전국도시대항야구대회에
서 광주가 우승했다. 금연팀의 심양섭
(뒷줄 오른쪽 세 번째), 이장옥(뒷줄 왼
쪽 네 번째), 김양중(앞줄 왼쪽 첫 번째)
등이 주축이었다. 이장옥 선수옆에 전
남일보 김남중 사장과 야구인 최남근
(뒷줄 왼쪽 첫 번째), 신현(뒷줄 왼쪽 두
번째) 씨의 모습도 보인다.

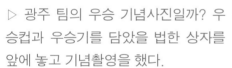

1958년 전국도시대항야구대회에서 우승한 전남 여수팀이 우승기를 받고 있다.

피난 시절의 대한금융조합연합회(금연, FFA). 1954년 당시 육군보병학교가 주둔하던 동래고등학교 야구장에서 기념촬영을 했다. 금연 팀은 1955년 농업은행으로 이름이 바뀌었고, 1961년부터는 농협이 되었다.

대한금융조합연합회(금연) 선수단. 앞줄 왼쪽부터 김찬석, 이기역, 두 사람 건너 김영조, 전은성, 가운데 반키 김창한, 뒷줄 왼쪽부터 김양중, 홍병창, 남궁용, 정병순, 한 사람 건너 김정환.

△ 실업 강자 금연의 배터리 김양중 투수와 김창환 포수.

▷ 금융조합기념탑 앞에서의 기념촬영. 금연 팀이 1952년 광주에서 열린 실업야구대회에서 우승한 것을 기념하기 위해서다.

여러 개의 트로피들을 앞에 들고 기념 촬영을 한 금융조합연합회 선수단.

이제는 농업은행. 금융조합연합회는 1955년 농업은행으로 이름을 바꿨다. 1960년 군·실업야구대회를 마치고 기념촬영을 한 농업은행.

농협은 금연의 마지막 이름. 금융조합 연합회는 농업은행을 거쳐 1961년부 터 농협이 되었다.

△ 조선전기 선수단의 기념사진. 조선
전기는 1950년대에 활동했던 실업팀
이다.

▷ 철도청 야구팀의 창단. 철도청
(KNR)은 1956년 4월 18일 야구팀을
창단했다.

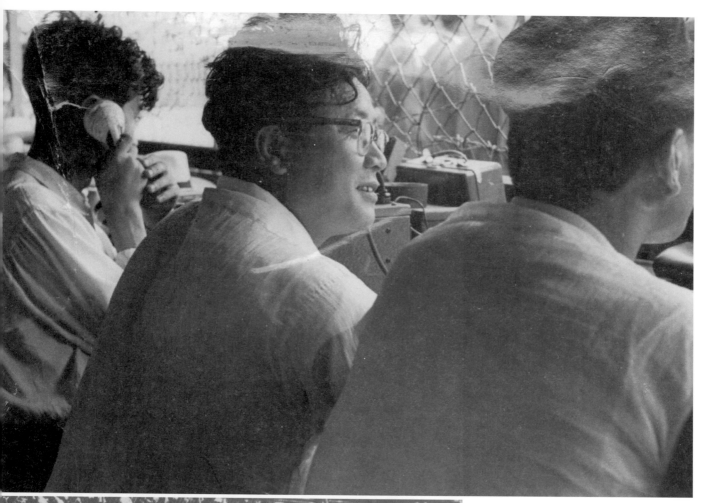

△ "청취자 여러분, 안녕하십니까? 여기는 야구 경기장입니다." 우리나라 최초의 라디오 야구 중계방송을 맡았던 윤길구 아나운서(가운데). 요즘도 그를 기려 윤길구 아나운서상을 시상하고 있다.

◁ 야구 중계방송은 야구 인구의 저변을 확대하고 야구를 획기적으로 발전시키는 데 이바지했다.

1940년대부터 스포츠 아나운서로 활동했던 민재호(왼쪽).

KBS의 전신인 서울중앙방송국의 스포츠 중계방송.

동대문 야구장에서 야구경기를 중계하는 KBS 이규황 아나운서(가운데)와 이호헌 해설자(안경낀 사람).

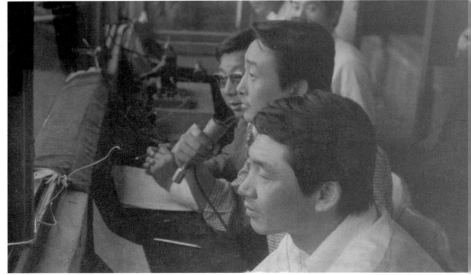

△ 헬싱키 올림픽을 취재했던 김창운 기자(왼쪽)와 장점동 씨(1952년, 여의도 비행장).

◁ 해방 전 부터 정동에 있었던 경성방송국 현관에서 기념촬영을 했다. 왼쪽부터 장점동, 장문주 아나운서, 전인국 아나운서, 성명 미상의 여자 아나운서는 6·25 때 납북되고 방송국은 파괴되었다. 그때도 KBS라는 명칭을 사용했다.

대한체육회의 시상식. 시상하는 민관식 회장 왼쪽 옆으로 중앙방송국 기자와 이광재 아나운서가 보인다.

△ 이영민, 졸지에 타계하다. 배재고보와 연희전문 출신의 만능 스포츠맨 이영민은 제1회 아시아야구선수권대회를 불과 몇 달 앞둔 1954년 8월 12일 불의의 사고로 세상을 떠났다.

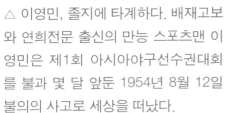

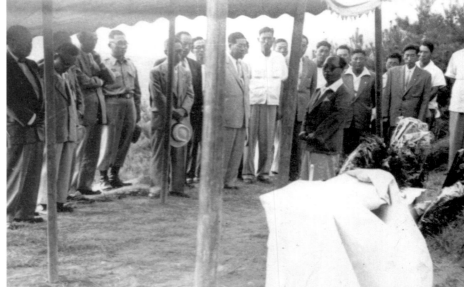

▷ 이영민의 묘소를 조성하고 고인을 추모하는 야구인들과 유족들.

한국야구의 거목이 떠나간 빈 자리. 야구인 이영민은 대한야구협회 부회장이면서도 아시아 대회에 출전하는 국가대표팀의 주장을 맡아 현역선수로 뛸 예정이었기 때문에 그의 빈 자리가 야구인들의 마음을 더욱 안타깝게 했다.

슬픔에 잠긴 이영민 선수의 미망인.

△ 제주도 야구박물관에 전시된 이영민의 명판.

▷ 이영민 선수의 미망인이 고인을 대신하여 표창을 받고 있다.

1955년 1월 제1회 아시아야구선수권대회에 참가했던 국가대표 선수들이 귀국한 후 이영민의 묘소를 참배했다.

3군 대항전과 육군 야구부의 전성시대

6·25로 중단되었던 야구가 다시 시작되자 1950년대 성인야구는 군부대 야구가 주도했다. 1953년 4월에 처음 열렸던 야구대회도 육군과 공군의 대항전이었다. 3군의 야구부 중에서도 스타들이 많았던 육군 야구부는 최강의 전력으로 각종 대회를 휩쓸면서 육군 야구의 전성기를 펼쳤다. 육군 야구부는 아홉 번의 백호기 대회에서 6연패를 포함해 통산 8번이나 우승했고, NBC배 전국야구선수권대회에서도 4연패를 기록했다.

그러나 첫 우승은 공군 차지. 공군은 1953년 4월, 서울 수복 기념 3군 친선야구대회에서 강호 육군을 물리치고 우승을 차지했다. 안경 낀 사람이 공군 참모총장 최용덕 중장, 앞줄 오른쪽에서 네 번째가 허곤 소령이다. 당시 군악대 하사관이었던 프라이보이 곽규석이 공군의 응원단장이었다.

육군과의 경기에 앞서 개막 행사를 하는 공군 야구부(1954년, 대구운동장). 관중석 역할을 하는 대구운동장의 언덕배기에서 지켜보는 관중들의 모습이 이채롭다.

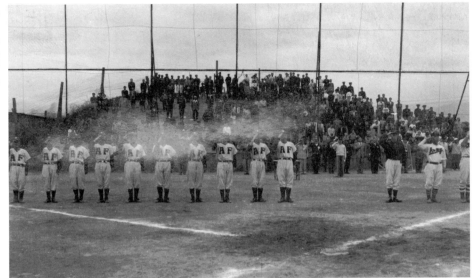

3군 야구대회에 참가한 육군 야구부(1954년 5월).

해군 야구부는 준사관. 해군은 1955년 야구부를 창설할 당시 기본 훈련을 마친 선수들을 준사관으로 임관시켰다.

야구의 살다

第70話

〈題字·筆者〉

金 永 祚

③

군부대 야구부 창설 비화. 1980년 10월 11일자 중앙일보 5면에 기고한 이 칼럼에서 필자 김영조 씨는 "공군 팀이 가장 먼저 창단되었고, 육군과 해군이 그 뒤를 이었다"고 증언한다.

軍野球팀 창설

52년空軍·陸軍이어 海軍도 56년창설

3軍野球대회 계기 戰力강화 서둘러

△ 해군, 열중 쉬어! 1957년 6월 7일부터 9일까지 부산야구장에서 열린 군·실업야구대회 입장식.

▷ 우승을 차지한 공군의 허곤 소령이 3군 친선야구대회 우승기를 공군 참모총장 최용덕 중장에게 바치고 있다.

따지고 보면 육군이나 공군이나 한솥밥! 육군과 공군 선수들이 1954년 대구운동장에서 경기를 앞두고 기념촬영을 했다.

해쳐 모여! 육군은 국군체육회 주최의
3군 대항 야구대회에 대비해 전국에
흩어져 있던 선수 출신의 젊은 장병들
을 한자리에 모아 야구부를 창단했다
(1953년 초).

덕 아웃 앞의 육군 선수들. 관중석이라
고 할 수 있는 언덕배기가 대구운동장
의 특색을 잘 보여준다.

△ 육군 야구부의 대부 이효 단장(오른쪽). 1953년 4월 26일 대구운동장에서 공군과의 경기를 앞두고 찍은 사진이다.

◁ 자, 찍습니다. 눈 감지 마세요! 심판을 모시고 기념촬영을 하는 선수들.

애당초 육군 야구부는 1953년초에 국군체육회 주최의 3군대항야구대회에 출전하기위해 창단되었다.

△ 대구운동장에서 열린 3군 야구대회
에서 우승한 육군이 기마 행진을 하고
있다.

▷ 덕 아웃의 육군 야구부 선수들과 각
종 장비들. 덕 아웃의 지붕은 슬레이트
로 엉성하게 덮여 있다.

▷ 호기심어린 눈길을 보내는 구경꾼
꼬마들과 함께 망중한을 즐기는 육군
야구부.

미군부대 시절의 박현식. 그는 육군 야구부에 입단하기 전 미군 제433부대에서 근무했다(1953년).

△ 육군 야구 전성시대를 구가했던 육군 야구부. 육군 야구부는 아홉 번의 백호기 쟁탈 군·실업야구쟁패전에서 6연패를 포함해 통산 8번이나 우승했고, NBC배 전국야구선수권대회에서도 4연패를 기록하는 등 막강한 실력을 과시했다.

▷ 육군은 공군보다 한발늦게 야구부를 창단했지만 풍부한 자원을 바탕으로 군부대 야구뿐 아니라 성인 야구 전체를 석권했다.

◁ 육군 야구부의 우승 신고. 육군 참
모총장실에서 1957년 제3회 전국야구
선수권대회 우승을 차지하여 신고를
하고 있다. 왼쪽부터 세 번째 백선엽
참모총장, 네 번째 장태영, 다섯 번째
이 효 야구단장.

△ 3군대항야구대회에서 우승한 육군
야구부

▷ 1953년 초에 광복 1세대 중등학교
야구 스타 출신들인 장태영, 박현식, 김
양중, 김정환, 이용일, 허종만 등을 대
거 입단시킨 육군 야구부는 실업팀에
앞서 우리나라 성인야구의 지배권을
먼저 차지했다.

△ 우승을 차지한 육군 야구부의 기혼 선수들이 부인, 자녀들과 함께 기념촬영을 했다.

◁ 육군 야구부의 4총사로 일컬어지는 김정환, 박현식, 장태영, 김양중(왼쪽부터). 1956년 8월 19일, 3군 야구대회에서 우승한 후에 찍은 사진이라고 알려져 있으나, 제2회 NBC배 대회라고 기록된 설명도 있다.

△ 육군의 전성시대는 육군 야구부가 주축이 된 제2회 아시아야구선수권대회의 국가대표팀 구성과 필리핀 원정 국군 야구단으로 절정을 이루었다.

▷ 1955년 김일배 감독을 새로운 사령탑에 앉힌 육군은 박상규(서울상대)를 중위로 특별 임관시켜 선수 겸 코치로 영입하고 제2의 창단을 하였다.

△ 유치원생을 입대시켰나? 유니폼을 입힌 어린이를 안고 우승 기념사진을 찍었다(앞줄 왼쪽에서 두 번째).

◁ 육군은 팀 정비 후 1950년대 성인 야구를 대표하는 백호기 대회와 NBC 배 쟁탈 전국야구선수권대회를 휩쓸었다.

웬 꽃다발? 육군 야구부가 꽃다발을
들고 기념촬영을 했다.

휴식을 취하는 육군 선수들. 군산의
K-18기지(air base)에서.

강팀이 되면 휴식마저 달콤하다. 육군
야구부의 망중한.

한국전쟁 이후의 성인 야구

경향신문사가 1955년에 창설한 백호기 쟁탈 춘계실업야구쟁패전은 이듬해인 1956년부터 군·실업야구쟁패전으로 이름이 바뀌었고, 1950년대의 성인 야구를 대표하는 대회의 하나였다. 1960년대는 혁명과 쿠데타로 시작되었지만 한국 야구가 만개한 시기로 기록된다. 1960년도 대한야구협회 대의원대회에서 1959년 8월 26일 발족한 실업연맹을 승인하자 1962년부터 실업 팀들이 생겨나면서 성인 야구가 활성화되었다. 실업연맹의 대한야구협회 정식 가입이 성인 야구 발전의 계기가 되었던 것이다.

육군은 제4회 백호기 대회(1956년 추계)부터 1960년까지 이 대회에서 무려 6연패(連覇)를 달성했다.

실업의 쌍벽 조선운수와 금융조합연
합회의 기념촬영. 1950년 광주에서 열
린 제1회 전국실업야구대회에서 자리
를 함께 했다.

공동 우승의 주인공 금융조합연합회
(금연, FFA). 금연은 1955년 제1회 백
호기 대회에서 3승 1패로 육군과 공동
우승을 차지했다.

육군이 수립한 불후의 대기록. 육군은
공군이 우승을 차지한 1956년 춘계
대회를 제외한 나머지 여덟 번의 백호
기 대회를 모두 석권하는 대기록을 남
겼다.

軍貿業野球大會優勝　1956. 6. 18.

△ 공군이 우승을 거둔 제3회 백호기 대회 폐막식(1956년 6월 18일).

▷ 공군의 우승 기념사진. 공군은 제3회 백호기 쟁탈 군·실업야구대회(춘계)에서 처음으로 우승을 차지했다 (1956년 6월 18일). 우승기를 들고 있는 선수가 정태수, 앞줄 가장 왼쪽이 허곤.

1956. 6. 18. 軍貿業野球大會優勝

1950년대 전반기에 활동했던 실업팀
조선전기 야구부.

△ 골드스타(Gold Star) 유니폼의 금성사 야구부. 창사 연대로 볼때 1957년 전후에 찍은 사진인 것같다.

▷ 검은 모자와 하얀 모자의 기념촬영. 1960년을 전후하여 두 실업팀이 경기를 앞두고 찍은 사진인 듯하다.

△ 13타석 11타수 9안타 0.818의 타격상! 장태영이 1957년 춘계 백호기 대회에서 세운 이 기록은 1993년 제48회 대학선수권대회에서 문희성(7타수 7안타)에 의해 갱신될 때까지 공식대회 타격 신기록이었다.

◁ 제4회 백호기대회에서 우수선수상을 받는 김양중 선수. 시상자는 경향신문사 사장. 대한야구협회 김재송 총무가 시상을 거들고 있다.

△ 대표로 선수 선서를 했던 김영조 선수(금융조합연합회 소속)가 선서문을 선우인서 회장에게 바치고 있다.

▷ 김영조 선수가 선서를 하고 있다. 1958년 선린상고 운동장에서 개막된 백호기 대회.

육군이 우승을 차지한 백호기 대회의 폐막식(1958년, 선린상고 운동장)

△ 우리나라 최초의 국제심판. 장태영 씨(오른쪽에서 두 번째)는 1960년 우리나라 최초로 국제심판 자격을 취득했다. 왼쪽에서 두 번째가 손효준 씨.

◁ 한국야구 최초의 여성 시구! 여성 지도자 임영신 박사(전 중앙대 총장)가 한복 차림으로 실업야구대회 시구를 하고 있다. 주심은 조점룡 씨. 서울운동장의 외야가 개축되기 전이어서 무성한 포플러 나무가 보인다.

△ 덕 아웃을 지키는 은행장. 박동규 행장이 농업은행의 덕 아웃에 앉아 있다(1960년). 앉은 사람 왼쪽부터 황희린 주무, 박동규 행장, 정태기 비서실장, 서 있는 선수 왼쪽부터 ①백수웅, ②김정환, ④김양중.

▷ 1960년 6월 14일 개막된 실업야구 춘계연맹전에서는 교통부, 남선전기, 농업은행, 한국운수, 육군 등 5개 팀이 출전하여 더블 리그를 벌인 끝에 한국운수가 5승 2무 1패로 우승했다. 10월에 개최된 추계연맹전에는 육군 팀이 빠지고 4개 팀이 출전하여 농업은행이 5승 1패로 우승을 차지했다.

N.B.C 盃爭奪第一回全國野球選手權大會
優勝 朝運 野球팀 4288. 8. 29於 서울運動場

△ NBC배의 첫 주인은 조선운수. 대한통운의 전신인 조선운수는 금융조합연합회와의 라이벌전으로 유명하다. 10회 연장 접전 끝에 육군을 3대 2로 누르고 우승을 차지한 조선운수의 기념사진(1955년 8월 29일).

◁ 제1회 NBC배 쟁탈 전국야구선수권대회 폐막식. 세계아마추어야구연맹(NBC)에서 한국의 연맹 가입 신청을 기념하여 제공한 트로피를 놓고 겨루는 NBC배 제1회 대회는 1955년 8월 26일부터 나흘간 열렸다. 사진은 성적을 발표하는 김영석 씨.

△ 육군은 아무도 못 말려! 육군 야구부는 NBC배 대회에서도 일곱 번 가운데 다섯 번을 우승하여 강팀의 면모를 유감없이 과시했다.

▷ NBC대회에서 다른 팀들의 경기를 관전하는 육군 야구부(1958년). NBC대회는 세계아마추어야구연맹(NBC)이 보내준 트로피를 놓고 겨룬 야구대회이며 사진에 나오는 경기장도 미군부대로 알려져 있다.

△ 1950년대 말경 대구운동장의 덕
아웃 앞에서 포즈를 취한 남전 야구부.
유명한 대구운동장의 언덕배기 관중
석과 슬레이트 지붕의 덕 아웃이 눈길
을 사로잡는다. 뒷줄 왼쪽에서 세 번째
가 홈런타자 박영길 선수.

◁ 남전은 1950년대의 실업야구에서
일익을 담당했던 팀이다.

남선전기(남전)는 1960년을 전후하여
활동하다 한국전력에 통합된 실업팀
이다.

야구는 즐거워! 마음맞는 동료들과 함께라면 더욱 즐거워. 오른쪽은 강태완 선수

△ 한때 육해공군은 물론 해병대와 3
군 사관학교에도 야구부가 있었다. 사
진은 박현식 선수(가운데)가 최영호(왼
쪽)와 강남규(오른쪽)가 선수로 활약하
던 의정부의 미1군단을 찾아가 운동장
에서 기념촬영을 했다(1962년).

▷ 무슨 정담을 나누고 있을까? 농협
야구부의 김영조 감독과 마산 선발팀
포수 출신인 중앙일보의 박재영 기자
가 덕 아웃에서 이야기를 나누고 있다.

△ 농협의 김정환 선수가 홈으로 쇄도
하고 있다. 김정환은 육군의 전성기에
활약한 4총사 중의 한 사람이다.

◁ 박현식 선수도 홈인. 박현식 역시
육군 4총사 중의 한 사람으로 홈런타
자였고 아시아의 철인이라는 별명을
얻고 있었다.

△ 일본 프로팀으로 진출하는 백인천
(오른쪽 네 번째) 환송 모임(1962년).
오른쪽 끝 김양중, 세 번째 김영조.

▷ 광주 야구팬들의 인기를 모았던 배
우팀 초청 문화인 야구대회 입장식
(1959년).

강화도 마니산에서 전국체전 성화를 점화하고 있다. 전국체전의 효시는 1920년에 시작된 전조선야구대회이다.

전쟁 중에도 멈출 수 없는 열정. 1951년 제32회 전국체육대회가 광주일고 운동장에서 열렸다.

한때는 전국체전을 기념하여 시가행진을 벌이기도 했다. 40회 전국체전을 맞이하여 서울운동장까지의 행진에 나서기 위해 선수단들이 도열한 시청 앞 광장. 뒤로 당시 최고층 건물이었던 반도호텔과 팔각정이 보인다.

제 10회 전국대회 우승 우라고 1959.

△ 일반부 우승팀이 중학생? 전국중학 야구대회에서 우승한 경주중학 선수들을 주축으로 출전하여 제40회 전국체전 일반부에서 우승했다(1959년 10월 8일, 창경원에서 기념촬영). 앞줄 왼쪽부터 ①김웅기, ③전춘덕, ④장경춘, ⑥신 현, 뒷줄 오른쪽부터 ①하 일, ②안민식, ③김태호, ⑥송명식 야구협회장, ⑦이협우 국회의원, ⑧김개일(태형), ⑨장정부, ⑪홍윤환.

▷ 경기고등학교 야구부가 전란 중인 1952년 개최된 제33회 전국체육대회에 참가하여 입장하고 있다.

박정희 국가재건최고회의 의장이 야구 경기를 마친 해군본부 선수에게 시상하고 있다.

중앙정보부 야구팀과 해군본부 야구
팀의 기념촬영(1961년 11월).

다음 타자는 김종필 선수. 김종필 중앙
정보부장이 해군본부 야구팀과의 경
기에서 타석에 들어서고 있다(1961년
11월).

전쟁 이후의 학교 야구

학교 야구도 전쟁 앞에서는 주춤할 수밖에 없었다. 1951년과 1952년의 제6회 대회와 제7회 대회를 건너뛰고 전쟁이 끝난 1953년 10월에야 제8회 대회로 재개되었다. 이듬해 가을에는 황금사자기 대회까지 부활하여 전쟁으로 일시 중단되었던 학교 야구의 역사를 이어갔다. 새롭게 시작된 학교 야구의 특징은 한동안 인천과 서울의 명문들이 강세를 보이는 결과로 나타난다. 1960년에는 서울시고교야구연맹과 서울시대학야구연맹이 결성되어 학교 야구의 약진을 위한 발판이 마련된다.

전후의 새로운 강자 인천고등학교. 중등학교 야구의 강자였던 인천상업은 학제 개편과 함께 인천고등학교가 되었고 인고는 서동준이라는 걸출한 투수를 배출하여 청룡기 대회를 2연패하는 등 전쟁 이후 고등학교 야구의 강자로 떠올랐다.

△ 일제 말에 해산했다가 1946년 재창단한 인천상업 야구팀은 동산중학, 인천공업과 함께 인천 학교야구의 삼두마차였다.

◁ 인천고등학교, 청룡기 거머쥐다. 자유신문사가 주최하던 청룡기 대회는 전쟁 후 조선일보사에 의해 계승되었는데 인천고등학교는 1953년 10월에 재개된 제8회 청룡기 대회 결승에서 선린상고를 5대 1로 누르고 우승을 차지했다. 앞줄 왼쪽이 김선웅 감독.

△ 황금사자기대회 결승전, 김진영 선수의 홈인(1954년).

▷ 인천고등학교는 1953년 경남고교를 누르고 화랑대기를 차지한다.

인천고, 청룡기와 황금사자기 동시 석권(1954년). 인천고는 청룡기대회에서 다시 선린상고를 5대 2로 누르고 2연패 했다. 황금사자기 결승에서도 경남고교를 누르고 우승을 차지했다.

황금사자기를 제패한 인천고 선수단이 밴드부를 앞세우고 시가 행진을 벌이고 있다(1954년).

△ 꿩 잡는게 매. 인천고교의 청룡기 3 연패를 저지한 것은 동향의 동산고였다. 1955년 청룡기 우승의 주역들.

◁ 동산중학 야구부의 창단(1945년 9월). 왼쪽이 상업교사로 부임하여 야구 감독을 맡았던 박현덕 씨.

△ 인천고의 청룡기 3연패를 저지하는
데 수훈을 세운 동산고의 신인식 투수.
오른쪽 사진은 1955년 첫 우승의 달
콤한 추억.

▷ 전국대회 4관왕(1956년)을 차지한
동산고의 주역들. 뒷줄 왼쪽부터 김성
문, 김응회, 정인성 앞줄 조한수, 신인
식, 박기련.

동산고, 청룡기 영구 보관! 청룡기 3연
패의 주역들과 교장실에 영구 보관된
청룡기(오른쪽 아래).

신인식 투수가 역투한 동산고는 마침내 청룡기 3연패의 꿈을 실현했다.

1957년까지만 해도…. 모국을 방문한 재일교포 학생 야구단과의 친선경기에서 2대 2로 비겼다(1957년 8월 15일). 서울운동장 축구장에서 열린 이날 경기에는 장훈 선수도 출전했다.

1955년 청룡기 이후 전국을 호령하던 동산고의 위세도 주전선수들의 졸업이라는 현실 앞에서는 어쩔 수가 없었다(1958년).

1961년의 동산고 야구부. 앞줄 왼쪽 두 번째가 최관수, 뒷줄 두번째와 세 번째가 김용우, 강대진 선수. 김용우 선수는 그해 7월 5·16혁명 기념 경기도 체육대회에 참가하여 인천고와의 경기에서 충돌사고로 유명을 달리했다.

슬픔 속의 우승. 동산고는 1961년 화랑기대회에서 우승을 차지하여 우승기를 김용우 선수의 영전에 바쳤다.

동인천고등학교 야구부 창단(1962년). 동인고가 야구부를 창단하여 인천의 학교야구에 힘을 보탰다.

第九回全國地區代表 高等學校野球爭霸戰
慶南高等學校 優勝記念 4288.10.14
於 서울운동장

건재 과시한 경남고등학교. 1955년에 열린 제9회 황금사자기 대회에서는 경남고등학교가 인천세의 돌풍 속에서 귀중한 우승을 일궈내 청룡기 2연패, 황금사자기 3연패, 전관왕 등 무적 경남중학의 전통을 이어갔다.

△ 갑자원대회 본선 출전과 제5회 청룡기대회 우승의 전통에 빛나는 대구상고는 전쟁이 끝난후 인천4도시고교 야구대회에서 우승했다(1954년 8월 15일).

▷ 우승기를 받는 대구상고 주장 선수.

△ 이런기분 진짜 처음이야! 우승을 다투던 상대팀 선수들로부터 꽃다발을 받을 줄은 정말 몰랐다.

◁ 흐뭇한 기분으로 우승 기념사진 한 장 찰칵.

△ 경동 시대의 개막. 경동은 1959년 봄에 열린 제14회 청룡기 대회 결승에서는 동산고등학교에 우승을 내주었으나 이후 1959년 가을의 황금사자기, 1960년의 청룡기와 황금사자기, 서울 시리그 전승, 4도시 대항전 우승, 화랑기 대회 우승 등을 휩쓸었다. 사진 속의 달리는 선수는 백인천.

▷ 대구운동장에서 포즈를 취한 경동 고의 1학년 주전 선수들(1958년). 왼쪽부터 백인천, 이재정, 이재환, 이용숙.

△ 경동 시대의 주역들! 백인천을 비롯하여 이재환, 주성현, 오춘삼, 명정남, 김휘만, 이용숙 등 초호화 멤버들이 경동 야구의 주역들이었다.

◁ 우승은 내줬지만 개인상은 양보 못한다. 개인상을 수상하는 부산상고 선수. 1960년 제15회 청룡기 대회에서는 경동이 최종 결승전에 진출한 부산상고를 4대 0으로 누르고 우승했다.

△ 전통의 휘문. 휘문의숙과 휘문고보는 일제 강점기의 학생 야구를 대표했고 졸업생들이 만든 고려구락부를 통해 성인야구의 발전에도 커다란 역할을 했지만, 해방 이후 휘문고등학교는 신흥 야구 명문들의 위세에 눌려 이렇다 할 성적을 내지는 못했다. 1957년 학교 운동장에서 찍은 기념사진으로 가장 오른쪽이 손희준 감독.

▷ 전쟁이 끝난후 동래고등학교가 야구부를 재 창단하자 선배들이 찾아와 후배들과 기념촬영을 했다.

1962년 제17회 청룡기 대회와 제14회 화랑기 대회의 우승으로 부산고등학교를 야구 명문학교로 도약시킨 김계훈 감독의 학창시절 모습(가운데).

△ 어우홍 감독과 부산상고 선수단. 왼
쪽 두 번째가 김응룡 선수, 오른쪽 끝
이 어우홍 감독.

▷ 경북고등학교 야구부가 1960년 서
울운동장에서 찍은 기념사진. 경북은
이후 전국을 제패하는 무서운 저력의
팀으로 성장한다.

첫 출전에 준우승. 경주중학교 야구부는 1958년 8월 대구에서 개최된 대통령친서우승기 쟁탈 전국중학교야구대회에 처음 출전하여 준우승을 하는 깜짝 이벤트를 연출했다. 뒷줄 왼쪽부터 하일, 김웅기, 안민식, 김태형, 김태호, 이응렬, 앞줄 왼쪽부터 김용식, 김충, 김영생, 최태조. 당시 경주에는 화랑 야구단이란 연식 야구팀이 있었다.

△ 제5회 대통령친서우승기쟁탈 전국 중학교야구선수권대회가 대구에서 열렸다. 대통령이 직접 쓴 글씨로 우승기를 만들었기 때문에 이채로운 대회 명칭을 붙였다고 한다. 사진은 대회 기념 타월.

▷ 대구초등학교 야구부의 상경. 도내 초등학교 야구대회에서 우승한 대구가 전국대회에 참가하기 위해 상경한 듯한데 자세한 내용은 알 수가 없다. 당시만 해도 상경을 하면 으레 서울시청, 고궁, 중앙청 등을 관광하곤 했다.

제17회 전국대학야구선수권대회가 1962년 10월 1일부터 4일간 열려 고려, 연세, 동아, 한양, 경희, 성균관 등 6개팀이 토너먼트를 벌였다. 결승에서 성균관대학교가 동아대학을 3대 0으로 이기고 우승했다. 사진의 왼쪽이 성균관대학교의 어우홍 선수.

△ 우승은 차지했지만…. 1954년 10월 30일 경주군 학도호국단 체육연맹 주최의 야구대회에서 우승을 차지했던 경주고등학교 야구부의 뒤에 쳐진 백스톱(Back Stop)이 초라하고 엉성하며 유니폼의 마크가 촌스럽게 느껴진다.

▷ 1954년 9월 경기중학교 야구부는 제11회 중학연식야구대회에서 우승을 차지한다.

한일 야구 교류와 국교정상화

　1960년대에 접어들면서 한국과 일본의 야구 교류가 물꼬를 텄다. 한일 국교정
상화를 중요한 과제로 내세운 국가재건최고회의와 제3공화국의 외교 정책과도 맞
물려 있었던 셈이다.　1961년 해방 후 최초로 대한야구협회가 일본의 신미쓰비시
중공업 야구팀을 초청한 것을 시작으로 메이지대학 초청, 도에이와 고쿠데스 초
청, 일본 오사카 지구 고교 선발팀 방한과 서울 선발팀의 방일이 이뤄졌다. 대한실
업공사의 일본 방문과 경동고등학교 야구부의 일본 원정도 비슷한 맥락에서 이뤄
진 셈이었다.

일본 야구팀으로는 해방 후 처음 내한한 신미쓰비기팀 (1961. 10.)

해방 후의 첫 방문. 일본의 야구팀으로는 해방 후 처음으로 1961년 10월 17일 일본 사회인 야구팀의 강호인 신미쓰비
시중공업이 대한야구협회 초청으로 한국을 찾았다. 사진은 실업 선발팀과의 경기를 앞두고 도열해 있는 장면. 주심은 조
점룡, 루심은 손희준 · 이규백 씨.

신 미쓰비시중공업 야구팀 초청 한일
친선 야구대회 안내 포스터.

韓日親善野球

1961年

KOREA NATIONAL BASEBALL ASSOCIATION

대한야구협회

서울運動場
野球場
10月19日-10月30日

主催 大韓野球協會
後援 東亞日報社

△ 신미쓰비시중공업과 대전한 실업 선발팀이 훈련 도중에 기념으로 찍은 사진(1962년). 뒷줄 왼쪽부터 ②유백만, ③김정환, ④진원주, ⑥김청옥, ⑧박현식, ⑩배수찬, ⑪김영조, 앞줄 왼쪽부터 ①김일배, ②김삼용, ③성기영, ⑥양철학, ⑦김성근, ⑧최관수.

◁ 신 미쓰비시중공업의 방한에 이어 1962년에는 대한실업공사 연식야구팀이 일본을 방문했다. 오른쪽에서 두 번째가 김기훈 감독.

△ 1962년 일본을 방문했던 대한실업
의 김기훈 감독은 중앙정보부(ROK
CIA) 야구단 창단 때부터 인연을 맺었
다. 앞줄 오른쪽 첫번째가 김기훈 감
독, 두번째가 김종필 중앙정보부장.

▷ 대한실업은 중앙정보부가 만든 연
식 야구팀이었다. 앞줄 오른쪽 네번째
가 김종필 중앙정보부장, 뒷줄 오른쪽
세 번째가 대한실업 김기훈 감독.

대한실업의 방일은 친선경기 이상의
목적을 가지고 있었다.

대한실업은 한일 양국의 우호관계 증
진, 재일교포의 위로와 실태 파악 등
기대했던 성과를 거두고 귀국했다.

친선경기 펜던트들을 들어보이며 기
념 촬영을 했다.

일본을 방문한 대한실업공사는 여러 지방을 순회하면서 친선경기를 펼쳤고, 재일교포들의 광복 17주년 행사에도 적극 참가하여 거류민단의 열렬한 환영을 받았다.

일한친선연식야구동경대회에 참석한 대한실업공사. 5전 3승 1무 1패라는 전적이 알려져 있으나 자세한 경기 내용은 알 수가 없다.

비록 연식야구였지만 일본에서는 제
법 큰 관심을 끌었다.

대한실업공사 연식야구팀의 방일은 양국의 야구 교류에도 이바지했고 한일 양국의 관계 개선과 국교정상화라는 공통 관심사를 잘 반영하고 있었다.

△ 대한실업공사와 경기를 펼쳤던 아
사히제작소 선수들과 셔틀버스.

▷ 경기 결과가 표시된 스코어보드.

△ 해방된 지 17년밖에 되지 않아 지금보다도 훨씬 감정의 골이 깊었을 텐데도 스포츠는 역시 스포츠였다.

◁ 대한실업공사는 일본 방문을 통해 화해와 친선의 목적은 어느 정도 달성했다고 할 수 있다.

일본을 방문한 대한실업공사는 제17주년 광복절 기념행사 등 재일교포들의 행사에 참석하여 열렬한 환대를 받았다. '촉진하자 한일회담' 이라는 슬로건이 보여주듯 현지의 교포들로서는 양국 관계 개선이 더욱 절실한 과제였을 것이다.

△ 실력 차이가 별거냐고? 하지만 1962년 6월 한국을 방문한 메이지대학 야구팀은 14전 13승 1패의 성적을 거두고 돌아갔다. 사진은 교통부와의 경기에 앞서 함께 기념촬영을 한 것이다.

◁ 환영 꽃다발까지 받았으니 한 게임 봐줘야 하나? 메이지대학은 승승장구하다가 결국 실업 선발팀에게 한 차례 고배를 든다.

△ 해방 후 최초로 한국을 방문한 일본 대학팀. 전년도 동경 6대학 야구리그에서 우승한 메이지대학의 실력은 우리나라 팀들을 압도했다. 메이지대학과의 친선경기는 우리나라가 실력을 향상시키는 데 결정적 계기로 작용했다. 왼쪽 교통부 팀의 끝에 있는 사람이 김일배 감독.

▷ "환영해요, 아저씨!" 교통부 야구팀의 김일배 감독의 손을 잡고 나온 화동(花童)이 메이지대학측에 꽃다발을 건네고 있다.

△ 친선경기에 앞서 펜던트를 교환하는 강대중 감독(왼쪽).

◁ 한일 양국의 해빙무드를 타고 한국을 방문하는 일본의 야구팀들은 상당한 환영을 받았다. 사진은 도에이팀이 방문했을때 여배우가 환영 꽃다발을 건네는 장면이다.

△ 재일교포 선수들이 소속되어 활약
하고 있는 도에이(東映) 플라이어스와
고쿠데스(國鐵) 스왈로스 등 일본의 프
로야구 팀이 시즌을 마치고 우리나라
를 찾아와 경기를 가졌다. 도에이 팀과
서울 선발팀이 경기에 앞서 인사를 나
누고 있다. 등번호 30번과 40번 사이
로 보이는 선수가 장훈.

▷ 친선경기의 한일 양국 심판들.

△ 한국계 스타들, 한 자리에! 왼쪽부터 김정일 선수, 선우인서 대한야구협회 회장, 장훈 선수, 백인천 선수, 허곤 대한야구협회 전무.

◁ 장훈과 박현식의 건배. 도에이 팀에는 교포 선수인 장훈과 경동고등학교 출신인 백인천 선수가 활약했다.

△ 도에이 팀의 감독과 김일배 서울 선발팀 감독의 기념 펜던트 교환. 두 사람의 왼쪽에 서 있는 심판은 이팔관, 오른쪽 심판은 이규백.

▷ 도에이의 공격. 도에이는 방한 전적 3승, 고쿠데쓰 1승 2패, 서울 선발 2패를 기록했다.

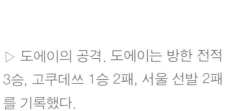

△ 김영조 선수와 허곤 씨가 일본 선
수와 담소하고 있다.

◁ 서울 선발팀의 김영조 선수와 일본
도에이 팀의 백인천 선수.

△ 도에이와 고쿠데쓰 팀을 대대적으로 환영하는 대한야구협회의 행사에는 유명한 여배우들까지 참석했다.

▷ 일본 고교 야구단 초청야구대회에 오사카 지구 선발팀이 방한하자 서울 운동장 야구장에도 현수막이 커다랗게 걸렸다.

△ 상당히 많은 관중들이 몰려들어 경기장으로 입장하는 일본 선수단을 환영했다.

◁ 오사카 지구 고교선발팀의 덕 아웃.

△ 경기를 앞둔 두 팀이 운동장에 도열해 있다. 오른쪽이 오사카 지구 고교선발팀.

▷ 경기에 앞서 방한한 일본 선발팀 선수들에게 선물을 주며 환영하는 선우인서 대한야구협회 회장.

△ 우리도 갔다. 오사카 지구 고교 선발팀의 방한에 대한 답방 형식으로 서울의 고교 선발팀이 두 달 뒤인 1962년 11월 일본 원정에 나섰다. 사진은 주니치 드래곤즈 경기장 앞에서 기념 촬영을 한 서울 선발팀. 이에 앞서 경동고등학교 야구단이 1960년 11월에 일본으로 원정을 가서 8전 3승 3무 2패를 기록했다.

◁ 방한 한 오사카 지구 고교선발팀이 야구협회를 찾아와 기념촬영을 했다. 오른쪽 뒷벽에 혁명공약이 붙어 있다.

메이지신궁야구장 앞의 세 사람(1962년 9월). 허곤 전무이사(가운데), 이팔관 감독(왼쪽), 안영필 감독(오른쪽). 이들은 한일 대학야구 교류의 물꼬를 트기 위해 일본을 방문했다.

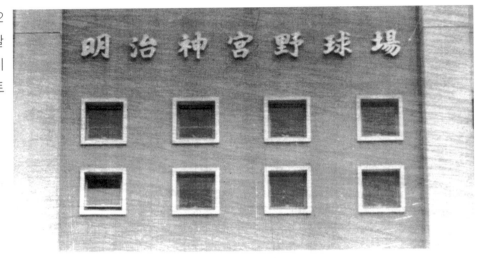

일본 대학야구를 시찰하고 교류를 협의하기 위해 일본을 방문했던 허곤 대한야구협회 전무이사(가운데)와 안영필 동아대학 감독(맨 오른쪽), 이팔관 성균관대학 감독(오른쪽에서 두 번째)이 메이지대학 야구부 합숙소 앞에서 기념촬영을 했다.

제1회 아시아야구선수권대회

한국, 일본, 필리핀, 자유중국 등 4개국을 회원으로 하여 아시아야구연맹이 창설된 것이 1954년 5월 17일이었고 그해 12월에 필리핀의 마닐라에서 제1회 아시아야구선수권대회가 열렸다. 해방 이후 처음으로 국제무대를 밟은 한국은 3위를 차지했고, 1955년에 역시 마닐라에서 열린 제2회 대회에서도 3위, 1959년 6월에 일본 동경에서 열린 제3회 대회에서 한국은 처음 2위에 올랐다. 1962년 자유중국 타이베이에서 열린 제4회 대회에서도 우리나라는 공동 2위의 성적을 거두었다.

경무대 출정식. 국제대회에 출전할 때는 경무대로 대통령을 방문하여 격려를 받는 것이 정해진 순서였다. 1954년 제1회 아시아야구선수권대회에 출전하는 국가대표팀 역시 경무대로 찾아가 이승만 대통령과 기념촬영을 했다.

제1회 아시아야구선수권대회의 장도
에 오르기 전 여의도 비행장에서 기념
촬영을 했다. 여의도 비행장은 김포공
항 건설 전의 국제공항이었다.

△ 드디어 마닐라에 서다! 제1회 아시아야구선수권대회가 치러진 마닐라 리잘 경기장에서 기념촬영을 한 국가대표팀. 서울클럽 유니폼을 입고 SC라는 이니셜이 새겨진 모자를 썼다.

▷ 개막식에 참석하기 위해 입장 준비를 하는 국가대표팀.

1954
第一回亞細亞野球聯盟戰(於마닐라)
派遣韓國代表團名單

제1회 아시아대회 포스터.

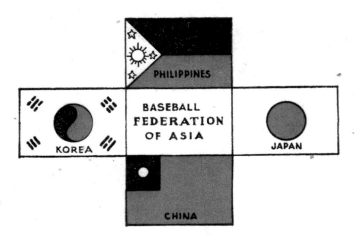

FIRST ASIAN BASEBALL CHAMPIONSHIP

PHILIPPINES

BASEBALL
FEDERATION
OF ASIA

KOREA   JAPAN

CHINA

DEC. 18 to 26, 1954

Sat.,   Dec. 18 - 3:00 p.m. - Japan vs. Korea 6:0
Sun.,   Dec. 19 - 3:00 p.m. - Phils vs. China
Tues.,   Dec. 21 - 5:30 p.m. - Phils. vs Korea 5:4
Thurs., Dec. 23 - 5:30 p.m. - China vs. Japan
Sat.,   Dec. 25 - 3:00 p.m. - Korea vs. China 4:2
Sun.,   Dec. 26 - 3:00 p.m. - Phils. vs. Japan

PRICES:
Box Seats   - ₱5.00 each
Reserve Seats - ₱4.00 & 3.00 each
Grandstand   - ₱2.00 each
Gen. Adm.   - ₱1.00 each

RIZAL MEMORIAL STADIUM

아시아의 철인 박현식 선수(등번호 8번)의 경기 장면. 박현식 선수는 제1회 대회부터 제6회 대회까지 빠지지 않고 참석하여 아시아의 철인으로 일컬어졌다.

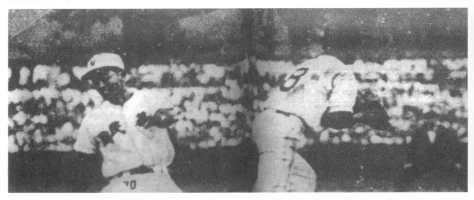

△ 마닐라의 리잘 경장에서 포즈를 취한 박현식과 장태영(오른쪽). 실제 사진은 칼라로 당시에는 매우 드물었다.

◁ 유완식(왼쪽)과 박현식.

타격 자세를 취한 허곤 선수. 대표선수
로 선발되었을 당시 22세였다.

이홍직 대한야구협회 회장 명의로 발
행된 국가대표 선수단 단원증.

아시아야구선수권대회에 대해 남기고 싶은 이야기들. 김영조 씨가 제1회 아시아대회를 회고한 1980년 10월 13일자 중앙일보 칼럼.

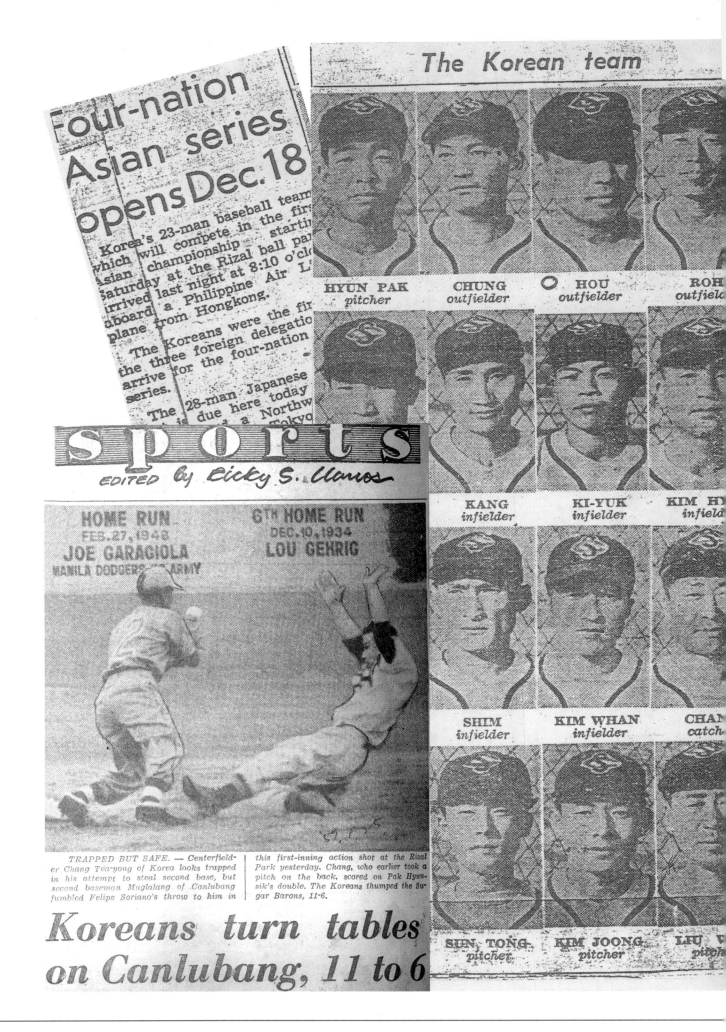

Four-nation Asian series opens Dec.18

Korea's 23-man baseball team which will compete in the fir... Asian championship ... startin... Saturday at the Rizal ball par... arrived last night at 8:10 o'clo... aboard a Philippine Air Li... plane from Hongkong.

The Koreans were the fir... the three foreign delegatio... arrive for the four-nation series.

The 28-man Japanese ... due here today ... a Northw... Tokyo...

HYUN PAK
pitcher

CHUNG
outfielder

HOU
outfielder

ROH
outfield...

KANG
infielder

KI-YUK
infielder

KIM H...
infield...

SHIM
infielder

KIM WHAN
infielder

CHAN...
catch...

SUN TONG
pitcher

KIM JOONG
pitcher

LIU ...
pitch...

sports

EDITED *by Ricky S. Llanos*

HOME RUN
FEB. 27, 1948
JOE GARAGIOLA
MANILA DODGERS ... ARMY

6TH HOME RUN
DEC. 10, 1934
LOU GEHRIG

TRAPPED BUT SAFE. — Centerfielder Chang Tea-yong of Korea looks trapped in his attempt to steal second base, but second baseman Maglalang of Canlubang fumbled Felipe Soriano's throw to him in this first-inning action shot at the Rizal Park yesterday. Chang, who earlier took a pitch on the back, scored on Pak Hyunsik's double. The Koreans thumped the Sugar Barons, 11-6.

Koreans turn tables on Canlubang, 11 to 6

제2회 아시아야구선수권대회

　　제2회 아시아야구선수권대회는 1955년 12월 10일부터 17일까지 마닐라에서 개최되었다. 이 대회부터는 더블리그로 경기 방식을 바꾸었다. 한국은 대표팀 선발대회에서 우승을 차지한 육군 팀을 주축으로 국가대표팀을 구성했다. 선수 16명 가운데 11명이 육군 소속이었다. 이 대회에서 한국은 2승 4패로 3위에 머물렀다. 제2회 대회 기간 중에 열린 아시아야구연맹 총회에서는 2년마다 아시아야구선수권대회를 개최하기로 하고, 제3회 대회를 1957년 서울에서 열기로 했지만, 이를 반납하는 바람에 국제적인 망신을 자초하기도 했다.

제2회 아시아 대회 출전에 앞서 대한체육회를 방문하여 기념 촬영을 했다(1955년). 앉아 있는 사람은 왼쪽이 이효 단장, 가운데 김일환 장군, 오른쪽 김용우 대한체육회장. 김영조, 백기수, 박상규, 박현식, 강대중, 김양중, 장태영, 김정환, 한태동, 정관칠 등이 대표선수로 참가했고 감독은 김일배.

第一回 亞洲野球大會에臨할韓國代表團의勇姿

△ 제2회 아시아대회 국가대표팀의 기념사진. 이번에는 모자와 유니폼에 K와 KOREA를 새겼다. 1회 대회때는 SC와 SEOUL CLUB이었다.

▷ 신고합니다. 육군 야구부가 주축이었던 제2회 아시아대회 대표단은 출정에 앞서 국방부장관을 방문했다.

연습후의 대표팀. 소속팀의 유니폼을
그대로 입고 있다. 담배를 물고있는 모
습은 당시의 낭만스러운 분위기를 보
여준다.

제2회 아시아야구선수권대회에서 한
국은 2승 4패로 3위에 머물렀다.

한자리에 모인 각국 임원들. 뒷줄 왼쪽
세 번째가 이효.

第二回亞細亞野球
4288. 10

△ 육군 대표팀인지, 국가대표팀인지…. 국가대표 선발전 우승팀 육군을 중심으로 제2회 아시아대회 선수단을 구성하다 보니 선수 16명 가운데 11명이 육군 소속이었다.

▷ 우승컵 스케치.

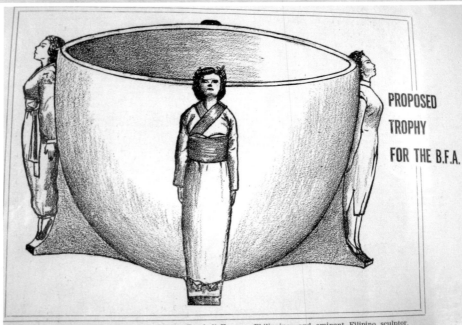

PROPOSED TROPHY FOR THE B.F.A.

The proposed permanent trophy for the Baseball Federation of Asia is a beautiful sterling silver job built around a bowl about a foot in diameter and about eight inches high which is supported by four symbolic pillars in the form of the nationally garbed women of the 4 countries presently affiliated with the Federation and which is fixed on a silver tray approximately 34 inches by 22 inches in size.

The idea of representing the 4 countries, namely, China, Japan, Korea and the Philippines, with women in national costumes was conceived by Prof. Guillermo E. Tolentino "professor emeritus" of the University of the Philippines and eminent Filipino sculptor.

The women-pillars have been fashioned out in such a way that any one can be removed in the event of the withdrawal of that country from the B.F.A, or that a new one can be added with the inclusion of a new member country in the Federation. The theme of viability and growth is therefore incorporated and made a part of the proposed B.F.A. trophy.

The B.F.A. permanent trophy stays with the host country. Replicas will be given away to winners of the tournament.

韓國代表一同

BFA Championship Trophy

◁ 우승컵 실물사진.

Roster

Philippine Delegation

to the

Third Baseball Championship

of the

Baseball Federation of Asia

Tokyo, July 7 - 17, 1959

△ 태극기를 앞세우고 개막식장에 입장한 한국대표단.

▷ 아시아야구연맹 회장의 개막식 인사말.

△ 개막식장에 들어와 도열한 각국 선
수단.

◁ 개막식이 열리고 있는 필리핀의 리
잘 경기장.

△ 숙소의 옥상일까? 뒷편으로 멀리
마닐라 시내가 보인다.

▷ 장태영 선수의 3루 슬라이딩 세이프.

SAFE ON THIRD—Korean rightfielder Chang Tae-young
holds on to the bag as Filipino third baseman Nap Santos
waits for the relay which never came in this action shot
taken last night at the Rizal Park. Chang dashed for third
when Peck Ki-su singled to drive home Pak Hyun-sik and
Han Tae-dong with the tying runs in the eighth inning.
Chang later scored the marginal run when Park singled to
right. The Koreans won, 7-5.

△ 개막식에 참석한 각국 선수단의 임원들.

◁ 경기관람은 개막식보다 편하고 자연스럽게. 이미 경기가 시작된 것 같다.

찰칵, 김일배 코치와 조점룡 심판. 제2
회 아시아대회가 열리는 필리핀의 리
잘 경기장에서(1955년). 가운데는 경
기장 안전요원인 듯하다.

제3회 아시아야구선수권대회

1959년 6월 7일부터 도쿄에서 열린 제3회 대회에서 한국은 4승 2패의 전적으로 처음 2위에 올랐다. 이 대회부터 재일교포 선수들이 대표팀에 합류하기 시작했고 타격 5위까지 일본이 휩쓴 가운데 한국은 김희련이 23타수 9안타(0.391)로 6위, 장태영이 15타수 5안타(0.333)로 9위에 올랐다.

잘 싸우고 돌아오라, 대한 건아여! 야구계와 체육계의 원로들이 장도에 오르는 대표선수들을 격려하고 있다.

△ 제3회 아시아대회 대표팀 단장인 선우인서 당시 대한야구협회 부회장.

▷ 이기고 돌아오겠습니다. 비행기 트랩을 오르는 선수들.

△ 꽃다발에 휩싸인 선수단. 대회가 열리는 경기장에 도착하자 환영 꽃다발이 이어졌다. 제3회 대회부터 재일교포 선수들도 대표선수에 포함되었다.

◁ 개막식장에 도열한 각국 선수단.

△ 제3회 아시아 대회에 참가한 각국
대표단 전체의 기념촬영.

▷ 개막식의 만세와 환호는 아시아가
하나라는 뜻일까. 제3회 아시아대회
개막식장.

△ 환영 행사에서 주장들끼리 한 자리에 모였다. 왼쪽부터 박현식 한국선수단 주장, 자유중국 주장, 필리핀 주장, 일본 주장.

◁ 대회를 알리는 아치 앞에 선 한국대표팀 에이스 김양중 선수.

△ 기분좋은 인터뷰.

▷ 홈런타자 박현식의 귀환.

明治神宮外苑野球場

△ 동경의 메이지신궁야구장 앞에 선 대표선수들. 가운데가 김양중 선수.

◁ 한국팀 숙소 앞의 김양중 선수(오른쪽).

歡迎
アジヤ野球大會參加韓國チム宿泊所

△ 주니치 드래곤즈를 방문한 한국 선
수단. 주니치 드래곤즈 팀에는 김영조
선수의 제경상(帝京商) 1년 후배인 스
키시다(杉下) 씨가 투수로 활약하고 있
었다. 오른쪽에서 네 번째 유니폼 입은
사람이 스키시다 선수. 앞줄 왼쪽부터
허종만, 김정환 뒷줄 왼쪽부터 박현식,
김영조, 김양중.

▷ 스키시다 선수의 자택을 방문한 김
양중과 김영조. 아기를 안고 있는 사람
이 김영조 선수.

제4회 아시아야구선수권대회

　　1962년 1월 1일부터 시작된 제4회 아시아대회의 1차 리그에서 한국은 일본에게 0대 2로 패했고, 자유중국에는 1대 0, 필리핀에는 3대 1로 승리하면서 2승 1패를 기록해 2승 1무승부의 일본에 이어 2위를 차지했다. 2차 리그에서는 일본에 1대 2, 자유중국에 1대 2로 패했고, 필리핀에 5대 1로 승리했다. 이 대회에서 일본이 5승 1무승부로 우승했고, 한국은 3승 3패로 자유중국과 공동 2위를 차지했다. 한국 팀은 일본과의 수준 차이를 다소나마 좁혔다는 사실에 만족해야 했다.

태극기 앞세우고. 타이페이의 공항에 도착하여 비행기 트랩을 내려오는 한국대표선수단.

반갑습니다. 안녕하십니까!

1961년 12월 19일 타이페이의 송산
(松山) 비행장 도착.

공항에서부터 각별한 환대를 받았다.

△ 총통의 환영. 장경국 자유중국 총통이 한국 선수단과 일일이 악수를 하며 인사를 나눴다.

◁ 국립묘지 참배. 제4회 아시아대회에 참가한 한국대표단이 자유중국 국립묘지를 참배하고 있다. 당시 양국의 긴밀한 관계를 엿볼 수 있는 장면이다. 앞쪽이 선우인서 단장, 맨 오른쪽이 섭외를 맡은 허 곤 씨.

△ 태극기를 앞세운 한국선수단의 입
장. 앞에서부터 김양중(기수), 김영조,
박현식, 김응룡, 김성근 선수.

▷ 개막식장에 입장하여 도열한 각국
선수단.

최용덕 주중 대사의 개막식 인사말. 최용덕 대사가 공군 참모총장으로 재직할 당시 공군 야구부가 창단되었다. 왼쪽 끝이 이멜다 필리핀 대통령 영부인.

이멜다의 꽃다발. 제4회 아시아 대회 개막식에서 한국대표팀의 김영조 감독이 필리핀 대통령 영부인 이멜다 여사로부터 꽃다발을 받고 있다.

개막식에 참석한 각국 임원들. 맨 오른쪽이 선우인서 단장, 두 번째가 섭외를 맡은 허곤 씨, 세 번째가 노정호 씨.

메리 크리스마스! 숙소인 럭키호텔에
서 성탄 축하연까지 열었다. 왼쪽부터
노정호 씨, 선우인서 단장, 허곤 씨.

타이베이 주재 한국대사관을 방문한
한국 대표선수들.

검정색 양복 차림에 안경을 끼고 가운
데 앉은 사람이 최용덕 대사.

환영 행사장에서 인사를 하는 선우인
서 단장과 허곤 씨.

정정당당하게 싸워 명예를 드높이
고… 개막식의 선수대표 선서.

전력 탐색. 대북야구장 스탠드에서 다
른 나라 팀이 연습하는 것을 지켜보는
한국대표단.

심판들 모여! 제4회 아시아야구선수권
대회에 참가하는 심판들이 한 자리에
모였다. 앞줄 맨 왼쪽은 한국의 모무열
심판.

△ 제4회 아시아 야구 선수권대회에 참가한 한국 대표선수단은 자유중국과 함께 공동 2위를 차지했다.

◁ "잘 좀 찍어 봐요!" 왼쪽부터 김정환, 백인천, 김양중, 박현식 선수. 일본프로야구의 백인천 스카웃이 초미의 관심을 끄는 가운데 그는 강풍에도 불구하고 홈런을 터뜨렸다.

△ "고국에 계신 동포 여러분!" 본국으로 경기 중계방송을 하는 박종세 아나운서(오른쪽)와 해설자 허곤 씨. 허곤 씨는 섭외로 참가하여 중계방송 해설을 하는 등 활발하게 움직였다.

▷ 아시아 대회가 열린 경기장 앞에서. 맨 오른쪽부터 옥만호 무관(공군 대령), 허곤 씨, 선우인서 단장, 한 사람 건너 박종세 아나운서.

第四屆亞洲棒球比賽大會

4th ASIA
Amateur Baseball
Championship
Series

1962

中華民國五十一年一月一日起七天
台北市棒球場

제4회 아시아대회 포스터. 봉구라는
표현이 눈에 띈다.

△ 제4회 아시아야구선수권대회 대표
선수단 결단식.

▷ 귀국하여 제4회 아시아 대회의 성
과를 보고하는 선우인서 단장.

△ 네 차례 아시아야구선수권대회에 참가했던 김양중 선수의 출전 기념메달

◁ 자유중국인 탓도 있었겠지만 해외에서 열린 국제대회에 교민 응원단이 등장했다.

자유중국 대표팀의 방한과 친선경기

　자유중국 야구 대표팀이 1955년 7월 2일 우리나라를 방문했다. 자유중국 팀은 서울과 대구, 인천, 부산 등을 순회하면서 친선경기를 가졌으며 이것이 해방 이후 최초로 외국팀을 초청하여 국내에서 가진 국제친선경기였다. 자유중국 팀은 7월 20일까지 머물면서 모두 8차례의 친선경기를 치렀고 4승 1무 3패의 전적을 기록했다. 자유중국 팀은 한국 대표팀과의 세 차례 경기에서 1승 1무 1패를 기록했는데, 7월 10일 부산에서 열린 5차전에서는 1대 1로 승부를 가리지 못했으나 7월 16일 서울에서 열린 6차전에서는 자유중국 팀이 4대 3으로 이겼고 다음날인 7월 17일 7차전에서는 한국 대표팀이 8대 1로 크게 이겼다.

우방의 야구팀을 환영합니다. 1955년 우리나라를 방문한 자유중국 야구팀이 공항에 도착하여 육군 야구부와 야구 관계 인사들의 열렬한 환영을 받았다.

歡迎自由祖團棒球隊[...]
漢城華僑各團體

△ 서울의 화교 단체에서 자유중국 선수단을 환영하고 기념촬영을 했다. 봉구단(棒球團)이라고 쓴 표현이 재미 있다.

◁ 자유중국 대표팀과 서울클럽의 기념촬영. 서울클럽은 제1회 아시아야구 선수권대회에 국가대표로 참가했던 팀이다.

△ 방한한 자유중국 야구팀의 친선경기 개막전 기념행사.

▷ 방한한 자유중국 야구팀과 첫 경기를 치른 육군 팀(오른쪽)과 자유중국 선수단.

◁ 방한한 자유중국 야구팀의 단장에게 경기에 앞서 환영 꽃다발을 건네고 있다.

경기가 경기인 만큼 주한 자유중국 대
사가 친선경기의 시구를 맡았다.

△ 자유중국 대표팀과 대구 선발팀의
기념촬영.

◁ 자유중국 대표팀과 한국팀이 친선
경기에 앞서 기념 펜던트를 교환하고
있다(1955년 7월 23일). 중한친선(中
韓親善)이라는 글씨가 눈에 띈다.

△ 양국의 우의를 반영하듯 대구 경기에서는 군부대의 현역 지휘관이 시구를 하고 있다.

▷ 대구 선발팀과 자유중국 대표팀의 친선경기 식전 행사. 당시는 전쟁이 끝난 지 얼마 되지 않아 대구에 유명한 야구팀들의 본거지가 많았기 때문에 대구는 국가대표팀을 구성할 수 있을 정도로 실력이 있었다.

△ 덕 아웃에 총을 든 경찰이 웬일? 질서 유지를 위해서이겠지만 소총은 좀 심한 느낌이 든다.

◁ 저 유명한 대구운동장의 덕 아웃. 슬레이트 지붕이 엉성하지만 야구에 대한 열정만은 가로막지 못한다.

△ 친선 경기니까 시합이 끝나고도 기념사진 한번 더 찍을 수 있는 거지 뭐.

▷ 대구 선발팀의 실력도 만만치 않았지만 경기 결과는 2대 0으로 자유중국 대표팀의 승리.

한국최초 중학생 야구단 자유중국 원정

거의 반세기 전인 1959년 2월에 별난 일이 일어났다. 중학교에서, 한 학교 선수들만으로 해외원정을 시도했던 것이다. 한중친선학생야구대회에 참가하기 위한 청량중학교의 자유중국 원정은 이유야 어떻든 참으로 신선한 충격을 던지기에 부족함이 없었다. 김기훈 감독과 임원들의 인솔 아래 타이베이로 떠났던 선수단의 주장은 유문식이었고, 이영기와 김충남 등의 선수들이 참가했다.

김포공항에서 출발하기 전에 찰칵! 야구 실력을 뽐내고 겨뤄보러 가는 게 아니라 교복 차림의 친선 사절단이라는 말이 더 어울릴 듯하다.

타이베이 공항에 도착한 후부터 가는 곳마다 꽃다발 세례요, 만나는 사람마다 환영의 인사말이었다.

당시는 중국 통이었던 김홍일 장군이 주중 대사를 맡을 정도로 양국 관계가 긴밀했던 때다.

환영 행사장.

△ 대사관을 방문한 선수단을 격려하는 김홍일 대사.

◁ 친선경기가 열린 경기장. 상당히 많은 관객들이 몰려들어 환영 열기를 보여 주었다.

△ 비록 중학생 선수들이지만 가슴에 코리아(KOREA)를 달고 야구 실력을 선보이며 민간외교에도 한몫을 했다.

▷ 친선경기 개막식을 지켜보는 한국 선수단 임원들.

△ 김기훈 감독과 선수들이 덕 아웃 앞의 운동장에 퍼질고 앉아 경기를 지켜보고 있다.

◁ 한국 선수단의 임원들이 덕 아웃을 차지한 채 경기를 관전하고 있다.

義 正

大韓民國中等學校棒球隊中華友誼賽

△ 한중친선야구대회에 참가한 청량
중학교 야구부가 대중제2중학교와 기
념촬영을 하고 있다.

▷ 친선경기가 열리고 있는 타이베이
시립야구장.

△ 가슴에 코리아(KOREA)를 달고…
경기에 앞선 개막식 장면.

◁ 경기에서 수비를 하는 한국 선수단.

△ 한중친선학생야구대회의 입장식.

▷ 주중 대사인 김홍일 장군이 직접 참
석하여 축사를 했다.

타격 자세를 갖춘 이영기 선수.

출정을 앞두고 교정에서 촬영한 기념 사진. 가장 왼쪽이 김기훈 감독이다.

그때만 해도 해외에 나가기가 쉽지 않았을 테니 어른들도 아이들만큼 들뜨게 마련.

△ 귀국을 앞두고 환송식을 마친 뒤 기념촬영을 했다.

▷ 자유중국야구협회장(왼쪽에서 두번째)과 기념촬영을 한 한국 선수단 임원들.

남캘리포니아대학의 방한과 친선경기

  남캘리포니아대학은 계급장 없는 군복 차림으로, 그것도 군용기를 타고 우리나라를 찾아왔다. 1955년 8월 5일이라는, 전쟁이 끝난 지 얼마 되지 않은 시기도 시기러니와 전쟁을 함께 치른 혈맹이라는 관계가 바탕에 깔려 있어 대단한 환영을 받았다. 자유중국 대표팀의 방한 때와 마찬가지로 이번에도 육군이 환영의 주역을 자임하고 앞장을 섰다. 미국 남캘리포니아대학 야구팀은 한국 팀과 3차례의 친선경기를 가져 3전 전승을 기록했다.

계급장 없는 군복 차림에 군용기를 타고 찾아오다. 남캘리포니아대학 야구팀을 싣고 온 비행기는 U. S. AIR FORCE라는 표기가 선명하다.

대학교 야구팀에는 어울리지 않게 계
급장 없는 군복 차림으로, 그것도 군용
기를 타고 우리나라를 찾아왔지만, 불
과 얼마 전까지 전쟁을 함께 치른 혈맹
이라는 관계가 바탕에 깔려 있어 대단
한 환영을 받았다.

△ 미군 막사인 듯한 숙소 앞에서도 육군 야구부 주도로 환영 행사를 가졌다. 앞줄 오른쪽 두 번째가 이효 육군 야구부 단장, 가운데 흰 옷 입은 사람이 김일배 감독.

◁ 어서오세요. 남캘리포니아대학 야구팀은 비행장에서부터 열렬한 환영을 받았다. 왼쪽의 안경 낀 사람이 김영석 씨.

△ 경찰 출신의 김태선 서울시장은 전쟁중 치안 유지와 전재 복구 도시계획에 상당한 업적을 남겼다.

▷ 서울시장도 꽃다발로 환영. 화동을 시켜 남캘리포니아대학 야구팀의 감독에게 환영 꽃다발을 건네는 김태선 서울시장.

△ 남캘리포니아대학과 육군이 경기에 앞서 기념촬영을 했다. 경기 결과 육군은 4대 0으로 무릎을 꿇었다. 육군뿐 아니라 금융조합연합회(금연), 공군, 미55공군도 패배했다.

◁ 경기에 앞서 육군 야구단의 이효 단장이 남캘리포니아대학 팀의 감독에게 꽃다발을 주고 있다.

세인트루이스 카디널스의 방한

한국일보사가 드디어 사건을 저질렀다. 야구라면 무조건 달려들던 한국일보사의 장기영 사장은 1958년 10월 21일, 미국 메이저리그 내셔널리그 소속의 명문 세인트루이스 카디널스를 한국으로 초청했다. 일본 원정길에 잠시 짬을 낸 일정이었지만 카디널스 팀을 보기 위해 2만여 명의 관중이 몰려들었고, 당시 이승만 대통령이 시구를 해 눈길을 끌었다. 대통령의 최초 시구였으며, 이 대통령이 본부석에서 그라운드의 김영조 한국 대표팀 포수에게 볼을 던져주는 방식의 독특한 시구를 위해 백네트에 구멍을 뚫어야 했다.

장기영 사장의 추진력이 또 한 건을 터뜨렸다. 미국 메이저리그의 명문 세인트루이스 카디널스 팀을 초청했던 것이다. 장기영 한국일보 사장과 세인트루이스 카디널스 팀의 스텐뮤지얼 선수.

대통령의 시구. 당시에는 미국 메이저 리그에서도 경호상의 문제때문에 본부석에서 시구를 했다고 한다. 대통령이 마운드에서 시구를 하기 시작한 것은 뉴 프론티어 케네디 대통령 이후이다. 카디널스팀과 한국 대표팀(서울 선발)의 경기에 앞서 시구를 했던 이승만 대통령은 그날 본부석에서 사방 1미터씩 그물을 잘라낸 사이로 공을 던지고 대표팀의 김영조 포수가 운동장에서 공을 받는 장면을 연출했다.

비행장에서부터 열렬한 환영.

세인트루이스 카디널스팀은 국제공항
으로 건설 중이던 김포공항을 통해 입
국했다.

환영인파는 공항에까지 몰려가서 카
디널스팀을 열렬하게 맞이했다.

△ 국기에 대한 경례! 경기를 앞두고 도열한 양 팀 선수들.

◁ 카디널스팀의 감독과 한국 대표팀의 감독이 기념 펜던트를 교환하고 있다. 증축하기 전이었던 서울운동장 야구장에 수용하기 어려울 정도로 2만여 명의 관중이 몰려들었다.

△ 세인트루이스 카디널스팀의 유명
한 스타 선수인 스텐뮤지얼의 타격 장
면. 그날 스텐뮤지얼이 김양중 투수에
게 삼진을 당한 것이 장안의 화제였다.

▷ 점수를 내는 세인트루이스 카디널
스팀. 그러나 그날의 경기에서는 비록
지긴 했지만 한국 대표팀의 선전이 돋
보였다.

「세트·루이스」카디날스란 어떠한 팀?

三千힛트記錄가진「뮤지알」選手

뮤지얼 고의 헛스윙 삼진으로 무승부
부인도 '남편 그땐 진짜삼진, 조크

△ 그날의 투수와 타자가 다시 만났다.
1988년 1월 25일 김양중과 스탠 뮤지
얼의 재회를 보도한 일간스포츠 기사.

◁ 세인트루이스 카디널스팀의 방문
을 앞두고 나온 소개 기사.

3대 0이면 이긴 거나 마찬가지. 김양중 투수의 호투로 한국팀은 지고도 이긴 듯한 기분을 맛보았다. 특히 김양중 투수는 카디널스 1루수 스텐뮤지얼을 삼진으로 돌려세우는 등 인상적인 투구를 하여 그해 대한체육회의 최우수선수상을 받았다.

공항에서의 환대는 경기장까지 계속 이어졌다.

누이 좋고 매부 좋고, 경기 결과는 3대 0이었지만 한국팀은 지고도 이긴 듯한 경기였다.

경기 결과야 어떻든 카디널스팀과의 친선경기에서 최고의 스타는 김양중 투수였다.

야구를 좋아했던 미 8군사령관은 경기
를 관전했을 뿐만 아니라 대한야구협
회 임원들에게 만찬을 베풀기도 했다.
장기영 사장의 카디널스 팀 초청은 관
중 동원에도 성공하고 한미 친선에도
이바지했으니 이래저래 남는 장사였
던 셈이다.

육군 야구부의 필리핀 원정과
필리핀 대표팀 초청

　해방 이후 단일팀으로는 최초로 육군 야구부가 해외 원정에 나섰다. 1959년 1월의 필리핀을 방문한 육군 야구부는 7전 4승 1무 2패를 기록하고 돌아왔다. 그러나 엄밀하게 따져보면 공군 소속의 허곤이 임원으로 참가하고 해군 소속의 서동준을 동참시켰기 때문에 허곤 씨의 주장대로 국군 야구부라고 하는 게 옳을 듯하다. 1959년 6월에 이뤄진 필리핀 대표팀 초청은 육군 팀을 초청해준 데 대한 답례로 이뤄졌다.

여의도에서 필리핀으로! 육군 야구부는 1959년 1월, 필리핀 원정에 나서면서 공군 C46 수송기로 여의도 기지를 출발하기에 앞서 기념촬영을 했다. 공군의 허곤, 해군의 서동준 등이 합류했기 때문에 국군 야구팀이라는 허곤 씨의 표현이 보다 적합할 듯하다.

△ 몸 풀기 전에 사진부터 한 장 찍고! 필리핀 원정 팀은 1959년 1월 17일, 마닐라 리잘 경기장에서 첫 연습을 하기 전에 기념촬영을 했다.

▷ 마닐라 시청을 방문한 육군 야구부가 HON ARSENIO H, LACSON 시장을 만나고 있다.

박현식의 장외홈런 기록이 적혀 있는
담장(펜스) 앞에서 열심히 기념사진을
찍은 박현식과 이효 단장.

R.O.K. NINE HERE; DEBUTS SATURDAY

The 23-man Republic of Korea armed forces baseball delegation, members of which will bulwark the Korean national nine to the Baseball Federation of Asia's Tokyo championship this summer, arrived here late yesterday afternoon for a 6-game series against local teams starting Saturday.

The delegation, headed by R.O.K. Brig. Gen. Hyo Lee, hit the Manila international airport five hours behind schedule at about half past five in the afternoon. Originally slated to land at Clark Air Force Base in Pampanga early yesterday morning aboard an R.O.K. C-46 transport plane, the delegation instead headed directly for the M.I.A., where it was supposed to arrive from Clark at noon.

P.A.A.F. baseball committee chairwoman Mrs. Leticia Paguia, who is managing the Koreans' 6-game series here, and other P.A.A.F. and Baseball Federation of Asia officials were on hand to welcome the delegation at the airport.

Immediately after their arrival, the delegation officials proceeded to the Hotel Filipinas, where they will be quartered until their departure Jan. 26, while the players proceeded to the Rizal Memorial

KOREAN NINE HERE. Shown above at planeside shortly after their arrival here late yesterday afternoon are the players and officials of the Republic of Korea's armed forces baseball team headed by Brig. Gen. Hyo Lee. Pictured with the Korean team are Mrs. Leticia Paguia, Ralph G. Hawkins and other officials of the P.A.A.F. and the Baseball Federation of Asia.

jor Dong Keun Chaey of the local Korean Embassy to Camp Murphy, where Gen. Lee will be accorded military honors and where they will call on Defense Secre-

Chief Brig. Gen. Tirso Fajardo, after which they will motor to Luneta to lay a wreath on the Rizal Monument, and on the Tomb of the Unknown soldier.

Half-hour ceremonies will precede Saturday's game. Su the Koreans play Canlub M.B.B.L. champion Swee Tuesday the M.B.B.L. selec

△ 육군 야구부의 필리핀 방문 사실을 보도한 현지 신문 기사.

▷ 방한한 필리핀 팀과의 경기 장면.

마닐라 공항의 작별. 왼쪽부터 수송기
조종사, 허곤, 김훈 주필리핀 대사, 공
군 수송과장, 김훈 대사 부인, 수송기
조종사.

디트로이트 타이거즈 팀의 방한

     대한야구협회와 한국일보사가 공동으로 미국 프로야구 디트로이트 타이거즈 팀을 초청했다. 1958년 10월의 세인트루이스 카디널스 팀 이후 두 번째 메이저리그 팀의 방한 경기였다. 타이거즈 팀은 1961년 아메리칸리그 2위, 1962년에는 리그 10개 팀 가운데 4위를 기록한 강팀이었다. 봅셰핑 감독은 1961년에 '올해의 감독' 으로 선정된 명장이었다. 1962년 10월 24일 오전 11시 50분 김포공항에 도착한 타이거즈 팀은 곧바로 서울운동장을 찾아 오후 2시부터 예정된 경기를 벌었다. 이날 디트로이트 타이거즈 팀은 서울 선발팀에 8대 0으로 승리를 거두었다.

친선경기에 앞서 디트로이트 타이거즈 팀과 서울 선발팀이 기념촬영을 했다.

그야말로 구름 관중. 미국 프로야구팀의 실력을 구경하기 위해 서울운동장 앞은 인산인해를 이루었다.

△ 디트로이트의 득점 장면. 디트로이
트 타이거즈는 무려 8대 0이라는 압도
적인 스코어로 승리를 챙겼다.

▷ 디트로이트 타이거즈와의 친성경
기에 출전했던 서울 선발팀의 김일배
선수.

결과는 싱겁게 끝났지만 모처럼 경기
장을 가득 메운 만원 관중들 앞에서 치
러진 경기였다.

디트로이트 타이거즈 팀의 덕아웃. 타이거즈 팀은 1961년 아메리칸리그 2위, 1962년에는 리그 10개 팀 가운데 4위를 기록한 강팀이었다.

언론인 오도광 씨의 취재 모습.

오윤환 씨도 디트로이트 타이거즈 팀의 덕 아웃을 찾아 인사를 나누고 있다 (왼쪽 두 번째).

다양한 형태로 치러진 한미친선야구

　6·25를 함께 치른 한국과 미국은 혈맹 관계의 우방이라는 새로운 관계가 정립되면서 전쟁의 종식과 함께 여러 가지 형태의 교류와 친선을 위한 시도가 이루어졌다. 야구도 마찬가지였다. 우리나라에 주둔하는 각급 군부대와의 친선경기는 말할 것도 없고 우리나라를 방문하는 각계각층의 야구팀들과의 친선경기도 줄기차게 이어졌다. 1960년의 5·16 이후에는 미국과의 관계 개선에 역점을 둔 주체세력들의 노력의 일환으로 친선경기가 선호되기도 했다.

박정희 국가재건최고회의 의장과 미8군사령관이 제6회 한미친선야구대회의 개막을 앞두고 미8군사령관이 던지고 박정희 의장이 공을 받는 특별한 시구를 준비하고 있다.

받을 준비 되었습니까? 한미 친선과 우정을 위해 던지는 공입니다. 투구하는 미8군 사령관.

좋습니다. 자, 한번 던져보시죠. 포구하는 박정희 의장.

△ 한미친선야구대회의 입장식. 육군, 농협, 한국미곡창고(미창)와 미국 측의 제4유도탄부대, 주일 요코스카, 미군 서울기지사령부 등이 출전해 토너먼트로 경기를 치렀다.

◁ 제6회 한미친선야구대회의 개막식에 참석한 대회 임원들과 한미 양국의 관계자들. 군부대 팀이 여럿 참석하여 군복 차림이 여럿 눈에 띈다.

△ 주한 유엔군사령부 야구팀과 육군 야구부의 기념촬영. 1959년 9월 25일 친선경기에 앞서 촬영한 것이다.

▷ 부에나파크 소년 야구단과의 친선 경기에 앞서 펜던트를 교환하는 서울 (중학생) 선발팀(1959년 9월). 부에나 파크 소년 야구단은 방한 전적 4전 4 패를 기록했다.

야구 실력은 좀 그렇지만, 마음만은 비 단결이랍니다. 미국 소년야구단은 불 우시설을 방문하고 지방 순회 경기도 가졌다. 전국중학교야구대회에서 우 승한 경주중학교 선수들이 주축이 된 경북 선발팀은 부에나파크 소년 야구 단과 경기를 하면서 처음 경식 야구공 으로 경기를 해봤다고 한다.

미국 부에나파크 소년야구단과 서울
(중학생) 선발팀의 기념촬영. 1959년
9월, 서울운동장에서.

서울 선발팀과의 친선경기 개막식. 악
수를 청하는 듯한 재미있는 그림의 깃
발과 소년야구단의 휘장을 들고 개막
식에 참석했다.

△ 친선경기 단골멤버 육군 야구부. 육군은 우리나라에서 치러지는 외국 야구팀과의 친선 경기에 거의 빠지지 않고 참가했다.

◁ 한미 해군의 친선. 미국 해군은 주일 요코즈카 부대인 것 같다.

재일교포 야구단의 모국 방문

한국일보사와 대한야구협회는 1956년 8월부터 재일교포 학생 야구단 모국 방문 초청경기를 개최했다. 이 행사는 일본에서 태어난 교포 2세에게 조국을 알고 배울 수 있는 기회를 제공하는 동시에 한국 야구 발전에 기여한다는 일석이조의 효과를 노렸는데 의도대로 최고의 인기를 누리며 우리 고교 야구에 크나큰 영향을 미쳤다. 이 책에서 다루는 1962년까지는 학생 야구단의 모국 방문이 해마다 이루어졌다. 1959년과 1960년에는 재일교포 성인 야구팀을 초청하기도 했다.

모국을 방문한 재일교포 학생 야구단을 기차역에서 환영하고 있다. 오른쪽은 야구계 원로 이원용 대한야구협회 고문.

△ 최초의 재일교포 학생 야구단. 부두가 배경인 듯 뒤로 배가 보인다(1956년). 초창기에는 배편으로 부산항에 도착하여 다시 기차로 상경하는 방식이었던 것으로 짐작된다.

◁ 재일교포 학생 야구단과의 친선경기는 우리나라 고교 야구의 발전에 큰 영향을 미쳤다. 1956년에 시작된 학생 야구단의 모국 방문은 이 책에서 다루는 1962년까지는 해마다 이루어졌다.

△ 아버지의 나라를 배우기 위해! 단지 야구 경기만을 위한 모국 방문은 아니었다.

▷ 모국 방문단은 일본에서 태어난 교포 2세들에게 조국을 가르칠 수 있는 소중한 기회이기도 했다.

△ 서울 역에서의 환영 행사. 1956년의 제1차 방문에서 재일교포 학생 야구단 거둔 전적은 12전 9승 3패로 국내의 고교 야구보다 한 발자국 앞서 있음을 확인시켜 주었다.

◁ 모국을 방문한 재일교포 학생야구단 중학생 팀이 입장식에서 환영을 받고 있다. 한국일보사의 장기영 사장은 재일교포 모국 방문도 적극적으로 추진했다.

△ 제3차 재일교포 모국 방문단의 입장식(1958년 8월 17일).

▷ 2차 방문단의 장훈과 배수찬, 3차 방문단의 현성호와 박정일, 4차 방문단의 김성근 등은 이후 양국의 야구계에서 크게 활약하여 한국야구 발전에 이바지하였다. 이렇듯 재일교포 학생 야구단의 모국 방문은 한일 양국에서 두루 긍정적인 결실을 맺었다.

고등학교 졸업 당시의 장훈 선수와 어머니. 장훈 선수는 1957년 2차 재일교포 학생 야구단의 일원으로 모국을 방문하여 깊은 인상을 남겼다.

장훈 선수와 역도산(오른쪽 두 번째).

일본 프로팀에서의 장훈 선수.

△ 교복을 입은 여학생들의 환영을 받
는 재일교포 선수단.

◁ 반갑습니다. 이렇게 만났으니 멋진
경기를 선보입시다.

△ 모국 방문단과 휘문고등학교의 펜
던트 교환.

▷ 재일교포 학생 야구단을 인솔해온
임원들.

흥행도 되고 실력도 향상되는, 꿩 먹고 알 먹는 행사! 1962년 제7회 모국 방문단도 인기 절정이었다. 교포 팀은 메이지대학 팀과의 연습 경기에서 5 대 2로 이길 정도의 강팀이었지만 국내 고교 팀의 수준도 상당히 발전해 있었기 때문에 11승 1무 4패의 전적을 남겼다.

歡 在日僑胞成人野球團 逆[

서울의 第1次戰 4月25日 交通部 ・ 第3次戰 4月28日 海軍 ・ 第9次戰 5月 9日 韓國運輸 ・ 主催 自由新聞社 大韓野球協會
對戰日程 第2次戰 4月26日 儲蓄銀行 ・ 第8次戰 5月 7日 空軍 ・ 第10次戰 5月10日 陸 軍 ・ 主管 大韓体育會 後援 文教部

△ 모국 앞으로! 1958년 재일교포들이
재일한국야구협회를 결성하여 대한야
구협회에 정식으로 가입을 하자 1959
년과 1960년 두 차례에 걸쳐 재일교
포 성인 야구팀을 초청하여 친선경기
를 가졌다.

▷ 재일교포 야구단의 덕 아웃.

△ 본부석에서 경기를 관전하는 재일교포 모국방문단 임원들.

◁ 재일교포 성인 야구팀과 대전하는 국내 야구팀인 공군을 소개한 1959년 4월의 관련 기사.

△ 공군 야구팀과 재일교포 성인 야구
팀의 기념촬영.

▷ 1959년 재일동포 성인 야구팀 모국
방문 당시 야구장 공사 관계로 서울운
동장 육상경기장에서 경기를 가졌다.
3루수 박현식(왼쪽)과 투수 서동준.

부록
야구 경기장의 변천
희귀 스포츠사진

야구 경기장의 변천

　배재학당과 휘문의숙 등 학교 운동장은 초창기 우리나라 야구의 요람이었다. 이런 가운데 훈련원이 야구 경기의 새로운 중심으로 떠올랐다. 황성 YMCA와 덕어학교의 최초 경기도 여기서 열렸고, 가장 오래된 야구 경기 사진의 황성 YMCA와 한성학교 시합도 여기서 열렸다. 또 동경유학생 모국 방문단의 경기 무대도 훈련원이었다. 우리나라 최초의 공식 경기장인 경성운동장이 완공된 것은 1925년이었지만 일본인들을 위한 경기장으로 만들어져서 1926년 10월의 제7회 전조선야구대회 때까지 조선인들은 경성운동장에 설 수 없었다.

훈련원 뜰에서 벌인 초창기의 야구 경기. 펜스나 정식 규격으로 그려진 내야 다이아몬드 대신 석회 가루를 뿌려 경기장을 급조하고 면적 역시 규격에 미달하는 '동네 놀이터' 수준이었지만, 훈련원은 학교 운동장과 함께 초창기 야구의 요람이었다.

△ 대한제국의 신식군대를 훈련시키
던 훈련원은 더할 나위 없이 좋은 야구
경기장이었다.

▷ 훈련원에는 고종의 장례식장이 마
련되기도 했다.

△ 여기는 훈련원 그라운드. 대회에 참가한 선수단들의 입장식이 열리고 있다(1919년).

◁ 맨땅에 석회를 뿌려 경기장을 만들었고 나무 의자를 놓은 곳이 관중석이자 덕 아웃인 셈이다. 두루마기 차림 등 관중들의 복장이 색다르게 보이는 1910년대의 학교 야구 경기 장면.

△ 멋진 슬라이딩에 심판의 세이프 신
호가 그럴 듯하지만 차일을 쳐놓은 본
부석과 내빈들의 모습에서 당시의 정
황을 엿볼 수 있다.

▷ 경성운동장이 완공된지 1년이 지난
후에야 조선인들도 공식대회를 개최
할 수 있었다(1926년 10월 21일 제7
회 전조선 야구대회).

△ 일제 강점기의 공식 경기장이었던 경성운동장의 야구 경기. 1925년에 완공된 경성운동장은 일본인들을 위한 시설이어서 1926년 제7회 전조선야구 대회 이전까지 조선인들은 사용할 수 없었다.

◁ 1920년대 후반의 경성운동장 야구 장은 중절모를 쓴 관중들 앞에 쳐진 울 타리가 펜스 역할을 했다.

△ 경성운동장에서의 야구경기.

▷ 경성운동장에서는 사람들이 많이 동원되는 이런저런 행사들도 숱하게 열렸다.

스탠드 시설이 갖춰지진 않았지만 언덕배기의 관중석에서 느긋하게 경기를 즐기는 모습이 여유롭다.

△ 뭐하는 걸까? 경기를 보다가 비가
오면 깔고 앉았던 멍석을 뒤집어쓰고
비를 피한다.

◁ 세월 따라 변화를 거듭한 경기장의
관전 매너. 경기장에 운집한 관중들의
북적거리는 모습과 활기 연출물들이
시장을 방불케 한다.

경성부에서 25만 원의 예산을 들여
1925년에 완공한 경성운동장은 축구
장, 육상경기장, 정구장 등의 근대적
시설을 갖춘 우리나라 최초의 체육시
설이었다. 여러 경기를 소화하는 복합
경기장이었기 때문에 선이 복잡하게
그어져 있는 완공 초기의 육상경기장.

초창기의 경성운동장. 사진의 위쪽이
야구장.

육상 경기가 진행되고 있는 경성운동
장 메인스타디움.

△ 야구 경기가 열리고 있는 일제 강점기의 부산 대정공원.

◁ 인천의 유일한 야구장이었던 웃터골. 현재의 제물포고 자리에 있었던 이곳은 1920년부터 정지공사를 하면서 공설운동장으로 사용되기 시작했다.

멀리 스코어보드만 덩그러니 보이는
초창기 경성운동장의 야구경기장.

증축과 함께 관중석도 단장이 되었다.

지붕이 덮이고 스탠드가 제대로 설치
된 것으로 봐서 본부석인 듯하다.

△ 해방 직후의 서울운동장. 경기가 진행 중인데도 관중석이 너무나 무질서하다.

◁ 서울운동장에서 열린 입장식에서 연설하는 장면.

1953년에 찍은 서울운동장의 항공사진. 그때만 해도 울창한 나무들이 메인스타디움(육상경기장)의 울타리 역할을 하고 있었다.

△ 미국 메이저리그의 세인트루이스 카디널스 팀이 방한했을 때 찍은 항공사진

▷ 1930년대의 항공사진으로 도로에 전차가 왕래하고 있다.

△ 남쪽에서 북쪽으로 바라보며 촬영한 야구장(1959년).

◁ 입장식이 열리고 있는 야구장. 당시의 주변환경과 야구장 시설을 엿볼 수 있다.

△ 하늘에서 내려다본 서울운동장
(1955년).

▷ 당시엔 대통령의 만수무강을 빌었
던 장소도 이곳이었다.

△ 1950년대 후반 고교야구 초창기의 서울운동장 야구장 개회식 장면. 정면 의단상이 지금의 본부석 자리이고 미류나무숲이 울창했다.

◁ 1953년 전국체육대회 식전행사.

▷ 외야 증축 후의 첫 홈런. 1958년 9월 28일 공군의 허곤 선수가 NBC대회에서 이 기록을 세웠다.

▷ 서울운동장의 야간 조명 시설과 외야 증축공사는 제5회 아시아야구선수권대회 제패 기념으로 1963년에 시작하여 1968년에 완공되었다.

야구장 증축 공사 중에도 경기는 계속 열렸다.

△ 서울운동장을 증축하고 재개장을 하면서 라이트 점화를 하는 김현옥 당시 서울시장(왼쪽에서 세 번째, 1967년).

◁ 관중석이 증축된 서울운동장 야구장(1960년대).

1950년대의 부산운동장. 멀리 돔형으로 보이는 시설물이 미군의 바라크다. 서 있는 사람이 고광적(전 경남중학 감독), 가운데가 김계현(전 한국전력 감독), 오른쪽이 이정구 씨. 이정구 씨는 1965년 5월 13일 일본 다이쇼와(大昭和)팀과 한국 크라운팀 경기의 주심으로 나서서 1회초 파울플라이를 보다가 뇌일혈로 세상을 떠나 부산야구협회장으로 장례를 치렀다. 집안도 야구가족으로 큰아들 기락, 둘째아들 기원 모두가 야구선수 생활을 했다.

부산운동장(현재의 구덕운동장) 표석 앞에서 포즈를 취한 야구선수들. 유니폼의 표시는 코리아(KOREA)인 듯하다.

희귀 스포츠사진

　1905년 야구가 이 땅에 들어와 뿌리를 내리고 성장해 나가는 동안 앞서거니 뒤서거니 하며 우리나라에 도입된 다른 스포츠들도 저마다의 특성을 살리며 성장과 발전을 해 나갔다. 우리나라의 스포츠를 이야기할 때 황성기청(YMCA)을 빼 놓을 수 없는것은 다른 종목도 야구와 마찬가지다. 더구나 일제 강점기라는 특수한 상황은 우리나라 스포츠의 조건을 규정하는 중요한 변수였다.

한국 마라톤의 힘. 보스톤 마라톤 대회에서 1, 2, 3등을 차지한 대표팀이 서울운동장에서 열린 환영식에 참석하고 있다 (1950년 4월). 왼쪽부터 손기정 감독, 1등 함기용, 2등 송길윤, 3등 최윤칠 선수.

제51회 보스톤 마라톤에서 우승한 서
윤복 선수가 개선하여 미군정청장 하
지 중장을 접견하고 있다(1947년 4월).

손기정 선수의 양정 팀이 일본의 동경-요코하마(東浜) 역전경주대회에서 우승했다(1932년 4월).

△ 배재고보 운동장에서 열린 제1회 전조선 축구대회. 1925년 5월 조선체육회 주최.

▷ 제1회 학생기청(YMCA) 축구대회에서 우승한 배재고보와 숭실전문 (1924년 11월).

◁ 전 경성과 전 평양의 도시대항축구
전 에서 축사를 하는 여운형 씨.

全京城
全平壤 都市對抗蹴球戰
祝辭 呂運亨氏

제1회 경평(京平)대항정기축구전(평양
공설운동장).

△ 제5회 전조선 축구대회에서 우승한 배재팀에게 우승컵을 수여하는 윤치호 선생. 오른쪽에서 이상재 선생이 지켜보고 있다(1924년 11월).

◁ 제1회 전문학교축구연맹전 개막식에서 인사말을 하는 이상재 선생(1926년 11월).

△ 전조선 축구대회 입장식(1929년, 평양 기림리 공설운동장). 북을 앞세우고 행진하는 모습이 흥겨워 보인다.

▷ 우리나라 최초의 일본원정을 앞두고 경성운동장에서 기념촬영을 한 조선축구단.

치마저고리 차림으로 농구에 열중하
는 여학생들(1920년대).

△ 최초로 일본에 원정하여 제5회 명치신궁대회에 출전한 숙명여고보 농구부(1929년 10월). 유니폼이 지금과는 사뭇 다르다.

▷ 일본 원정을 떠나는 기청(YMCA) 농구팀(1929년 3월).

△ 진명여고보 교내 운동회. 농구는 남자들과 경기를 벌이고 배구는 한 팀이 12명씩이다.

◁ 이화여고보 농구팀(1924년).

제11회 전 일본 종합농구선수권대회
에 출전한 이화여고보 농구부(1941년
1월, 동경외원수영장 농구코트).

△ 일제 강점기의 학교농구. 올망졸망
한 구경꾼들의 시선이 재미있다.

◁ 일본에 원정을 갔던 중앙기청
(YMCA) 농구팀. 1927년 4월에 찍은
기념사진이다.

△ 일제 강점기에 이미 가슴에 'KOREA'를 달기 시작했던 복싱 선수들. 1933년 성의경 씨(앞줄 왼쪽에서 두 번째)가 선구적인 역할을 했다.

▷ 베를린 올림픽 권투 대표선수(1936년 8월).

△ 제40회 전국체전 궁술대회(1959년 남산 석호정). 세계를 제패한 태극궁사들의 저력은 진작부터 배양되기 시작했던 셈이다.

▷ 대구에서 열린 궁도대회(1962년).

치마저고리를 입고 머리를 땋은 여학생
들이 정구경기를 응원하고 있다(1920
년대).

△ 동아일보 주최 여자 정구대회(1925년 5월). 길게 땋아내린 머리가 인상적이다.

◁ 제5회 연식정구대회(1927년 10월).

◁ 제42회 동계체전을 관람하는 윤보선 대통령.

△ 대동강에서 경기를 벌이는 여자 빙
상 선수들(1935년).

▷ 조선체육회 주최 제1회 전조선 빙
상대회의 각 종목에서 우승을 차지한
평양의 선수들.

△ 동아일보 빙상대회에 참가한 백구 팀(1934년 1월).

◁ 여자 빙상의 김영선 선수.

감사합니다

『사진으로 본 한국야구 100년』을 위하여 사진 자료와 스크랩북을 제공해주신 분들께 감사를 드립니다. 본문 내용 중의 사진 설명에서는 일일이 제공자를 명기하지 못했습니다만 아래에 적은 분들의 큰 도움을 받았습니다. 아울러 책의 편찬에 도움을 주신 분들도 함께 적습니다. (한글 자모순, 존칭 생략)

자료 제공

강남규
경기고교 동문회
고(故) 장점동
고(故) 장태영
김계훈
김기훈
김양중
노병엽
노정호
박현식
신현철
어우홍
엄창주
오대석(상원정보고, 구 대구상고 감독)
유인식
윤정국(동래고교 역사관장)
윤정현

이광환
이기원(부산)
정연회
정재욱(휘문고교)
정춘학
최인철
최주현(휘문고교 감독)
허곤
허세환(광주일고 감독)

편찬 지원

김미진
박철우
유정근
윤자상
정해남
정홍열
황찬수

자료를 찾습니다

한국스포츠사진연구소에서는 야구와 관련된 다양한 사진과 자료를 찾습니다. 자료 종류의 제한이나 시대 구분은 없으며 어떤 사진이라도 역사를 기록하는 데는 의미가 있습니다.

*이 책이 출간된 이후에도 1권에 대한 수정 · 보완 작업은 계속할 계획을 가지고 있기 때문에 제1권이 다루는 시대(1905년~1962년)의 사진이나 자료도 널리 구합니다. 연구소에서는 등록 회원들을 대상으로 제1권의 추가 자료에 대한 연례 리포트를 제공할 예정입니다.
*이 책에 이어 제2권(1963년~현재)에 대한 편찬 작업이 시작될 예정이오니 관련 사진이나 자료를 갖고 계신 분들의 협조를 구합니다.

알려 주십시오

한국스포츠사진연구소에서는 『사진으로 본 한국야구 100년 (2)』의 발간에 관한 소식 등 연구소의 활동 상황을 알려 드리고 『사진으로 본 한국야구 100년 (1)』의 추가 자료를 보내 드리기 위해 여러분을 회원으로 모십니다. 회원이 되고자 하시는 분은 주소, 이메일, 휴대전화, 직장/가정 전화번호 등을 연구소로 알려 주십시오.

한국스포츠사진연구소   서울 중구 다동 85번지 LG화재빌딩 B2 전화 02)773-9128 이메일 hail16@daum.net